ROBERT IDE

Geteilte Träume
Meine Eltern, die Wende und ich

ROBERT IDE

Geteilte Träume

Meine Eltern, die Wende und ich

Luchterhand Literaturverlag

Meinen Eltern, meiner Schwester

Inhalt

1. Hier drüben.
Der Osten im Westen 9

2. Wahnsinn Wende.
Der ungeteilte Traum 24

3. Fernweh nach der Heimat.
Eine gewendete Generation 47

4. Gemeinsam in der Nische.
Familie vor dem Umbruch 73

5. Gemeinsam ernüchtert.
Familie nach dem Umbruch 107

6. Neue Nischen.
Eine Generation dahinter 137

7. Wolkenstein.
Die Heimat von Kindern und Eltern 174

8. Nichts ist wie es war.
Der Westen im Osten 201

1.

Hier drüben.
Der Osten im Westen

Der Türsteher schenkt mir einen verächtlichen Blick und schüttelt den Kopf. Ich vergrabe die Hände in meinen Manteltaschen, hier am zugigen Alexanderplatz habe ich keine Lust auf Diskussionen. Gerade will ich mit meinem Kumpel Ricardo zu einer anderen Filiale des Berliner Nachtlebens weiterziehen, da hält mich der Türsteher an der Schulter fest: »Na gut, komm rein. Ich glaube, Du warst schon mal hier.«

Ich zahle den Eintritt, mein Blick streift über den Marmorfußboden und die weißen Kalkwände, an denen viereckige Staubränder von abgehängten Bilderrahmen künden, hinüber zum Fahrstuhl, in dem schon Ricardo steht und mich heranwinkt. Ich springe in die silbern verchromte und am Kopf verspiegelte Zelle, es ist ziemlich eng hier, eine Parfümwolke umschließt mich, als sich die Tür ruckelnd zuzieht. Es ist »Weekend«, und der gleichnamige Klub ist nicht nur heute Nacht einer der angesagtesten in Berlin. Früher, als das alles noch undenkbar war, hieß das »Weekend« ganz einfach Haus des Reisens. In einer der Etagen, an denen ich gerade vorbeifahre, saß meine Mutter und hat Träume verkauft.

Der Aufzug ist vollgestopft mit kichernden Frauen, der Türsteher hat ganze Arbeit geleistet. »Lesbisch? Das war doch vor zehn Jahren in!«, ruft eine, schon ein wenig betrunken, und erntet helles Kreischen. Mein Kumpel Ricardo lacht mit und zwinkert mir zu. Der Laden ist eine gute Wahl, will er mir wohl sagen. Wahrscheinlich ist er froh, dass er mal Ausgang von seiner Freundin bekommen hat, die zu Hause in Frankfurt am Main geblieben ist. Als die viereckigen roten Zahlen die Ankunft über den Dächern der Stadt anzeigen, dröhnt uns schon Musik entgegen. In einem riesigen Raum mit von der Decke blätterndem Putz und einer geschwungenen Bar haut eine Gitarrenband in die Saiten, ein Sänger mit Dreiwochenbart brüllt »Paris loves Berlin!« und stimmt ein Lied von der Liebe an. Viele tanzen, manche trinken Bier aus Amsterdam und schauen durch die Panoramafenster hinab auf die Lichter der Stadt. Alle, die hier rumhängen, sehen ungefähr so aus wie ich: gefühlte 30, offenes Hemd, Turnschuhe, neugierige Augen.

»Ich geh mal tanzen«, sagt Ricardo und bewegt sich in Richtung des Pariser Sängers, sein eigentliches Ziel dürfte indes die Frau aus dem Fahrstuhl sein. Ich schaue ihm nach, wie er im Takt der johlenden Menge verschwindet. Ich sehe den Leuten zu, zu denen ich Wochenende für Wochenende gehöre. Und ich denke an die Worte des Türstehers: Du warst schon mal hier.

Ich schaue auf mein Handy, der neue Tag ist schon ein paar Stunden alt. Ich hätte jetzt auch Lust zu tanzen, doch in mir steigen Erinnerungen auf und ein Gedanke, den ich am liebsten vertreiben möchte: Wenn das meine Mutter wüsste. Hier im Haus des Reisens saß sie mit blau-weiß gestreifter Bluse, roter Weste und grauem Seidentuch vor würfelförmigen Computerbildschirmen und bot Fernreisen ans Schwarze Meer und den Balaton an. An der Wand zeigte ein bronzenes Relief ein Flugzeug mit DDR-Emblem, das über alle Ozeane flog. Einmal pro Jahr durfte auch ich durch die Sicherheitsschleuse, dann ging es in dem silbernen Fahrstuhl hinauf in die Schalterhalle von Interflug. Bei der Betriebs-feier schenkte mir der Weihnachtsmann ein Iljuschin-Flug-zeug aus Plaste, das ich mir ins Kinderzimmer übers Bett hängte.

Genug damit! Ich will die alten Bilder jetzt nicht. Wo ist eigentlich Ricardo? Mühsam bahne ich mir einen Weg in Richtung Bühne und hämmere mir im Takt der Musik in den Kopf: Du bist erwachsen geworden, ein partytauglicher tüchtiger Gesamtdeutscher, das wolltest Du doch immer. Ja, so ist es, bestätige ich mir. Aber in meinem Körper pocht ein anderes Gefühl, und es lässt sich nicht betäuben mit Bier aus Amsterdam und Rock 'n' Roll aus Paris: das Gefühl, in einer ganz anderen Welt angekommen zu sein als meine Eltern.

»Zigarette?« Eine Frau – war die vorhin auch im Fahr-stuhl? – hält mir eine fast leere Schachtel vor die Nase. Die steht wohl auf nachdenkliche Typen, veralbere ich mich. Ich lass mir Feuer geben, nicke ihr zu und verschwinde wie-der. Was soll ich ihr auch erzählen? Dass Interflug nach der Wende abgewickelt wurde, wie nahezu alle DDR-Betriebe? Dass die echten Iljuschin-Maschinen für eine D-Mark verhö-kert wurden und Zehntausende Eltern, zuvor stets Vorbild in Alltagsorganisation und Familienmanagement, plötzlich hilflos zu Hause saßen? Dass sich die meisten von ihnen bis heute nicht davon erholt haben? Nein, das behalte ich lieber für mich. Mir fallen meine Tanten und Onkels ein, die im Erzgebirge von Hartz IV leben und ihre Töchter und Söhne an den Westen verloren haben, weil die nur dort die Mög-lichkeit sehen, tüchtige und partytaugliche Gesamtdeutsche zu werden. Ich schaue mich um, Ricardo ist nicht zu sehen. Die Menge ruft nach einer Zugabe. Ich bin angekommen im Haus meiner Kindheitsträume und im Leben meiner Eltern. Und könnte doch kaum weiter weg von ihnen sein.

Warum hat die Wiedervereinigung uns so voneinander entfernt? Das würde ich gerne herausfinden.

Im Träumen waren wir uns in der Familie früher ganz nah: Wir wollten Freiheit und den D-Mark-Wohlstand, den wir aus dem Westfernsehen kannten. Bis zur Erfüllung dieser Sehnsucht harrten wir gehorsam in der kleinen halben Welt aus, die uns die deutsche Teilung zugewiesen hatte. In einer durchorganisierten Gesellschaft suchten wir nach Lücken, in der Woche im Staatsbürgerkunde-Unterricht und in der Schlange vorm Gemüseladen, am Wochenende in unserer Nische, dem Kleingarten, der direkt an der Mauer lag. Die Grenzen, die der Staat gesetzt hatte, auszutesten und zu verschieben, gelang uns als Familie mal ganz gut, mal probierten wir es lieber nicht. Doch als unser Traum mit der Wende endlich wahr zu werden schien, teilten sich die Erfahrungen. Vielen Freunden von mir ist es so ergangen: Während die jungen Menschen unbelastet ihren Weg gemacht haben, resignierten ihre Eltern, enttäuscht von den neuen Realitäten, allzu häufig.

Mit einer Urlaubsreise ins sozialistische Ausland kam man dem Traum von Freiheit am nächsten. Eine Welt voller Geheimnisse tat sich auf, wenn unsere Familie in den Genuss eines Freiflugs nach Leningrad kam, um die Schlösser der russischen Zaren zu besichtigen, oder wenn es ins bulgarische Varna ging, um einen Ölradiator für die Gartenlaube zu besorgen. Einmal, wir waren unterwegs nach Budapest, kotzte ich den gesamten Flug über in meine Spucktüte, allen in der Iljuschin war übel, sogar den Stewardessen. Erst nach unserer Heimkehr einige Tage später erfuhren wir im Westfernsehen, dass wir durch die radioaktiven Wolken geflogen waren, die nach dem Reaktorunglück im sowjetischen

Tschernobyl in die Lüfte gestiegen waren. Bei jeder Inter-flug-Reise bekam man etwas mit, das nicht auf dem Lehrplan meiner Johannes-R.-Becher-Oberschule in Berlin-Pankow stand. Mit jedem Ausflug aus dem kleinen halben Deutschland wurde die Sehnsucht größer nach einem freieren, besseren, selbst bestimmten Leben. Dann fiel die DDR endlich über sich selbst, und mit ihr auch die Mauer. Beim ersten Ausflug in den Westen war ich 14. Genau das richtige Alter, um ein neues Leben zu beginnen.

Den ersten Gang zu den unbekannten Brüdern und Schwestern machten wir noch gemeinsam, meine Eltern, meine Schwester und ich. Wir liefen Hand in Hand über die Bornholmer Brücke, durchquerten jubelnd die Kontrollanlagen, prosteten den verunsicherten Soldaten der Nationalen Volksarmee zu. Als wir drüben anlangten, zeigte meine Mutter auf die grauen Altbauten des West-Berliner Arbeiterbezirks Wedding und rief entsetzt: »Hier sieht es ja aus wie bei uns.« Wir hielten inne. Zum ersten Mal merkten wir, dass wir uns den glitzernden Westen erst erobern mussten. Und vielleicht beschlich uns da schon die Ahnung, dass dem Wende-Gewinn auch Verluste gegenüberstehen könnten. Verluste an Freiflügen, Verluste an Nischen, Verluste an Gemeinsamkeit.

Meine Eltern waren Anfang 40. Sie hatten mir schon im Sozialismus beigebracht, einen eigenen Weg zu gehen. Nun folgte ich ihrem Rat. Mein Weg nach dem Umbruch führte mich von ihnen weg, führte mich ganz behutsam, aber Schritt für Schritt in eine andere Himmelsrichtung: nach Westen. Ich wechselte die Seiten, und ganz nebenbei wurde ich mit der Einheit erwachsen. Auch meine Eltern mussten neu anfangen. Es galt, sich die neue Freiheit zu nehmen und Entscheidungen zu treffen, die einem früher der Staat abgenommen hatte. Lebenserfahrungen spielten auf einmal keine Rolle mehr, sie waren eher hinderlich. Vielen älteren Ostdeutschen fiel es mit jeder Kombinatsschließung schwerer, sich aufzurappeln und Vertrauen in die neue Zeit zu fassen. Sie blieben auf der Seite, die sie kannten, und richteten sich neue Nischen ein, in denen die Vergangenheit eine Heimstatt fand. Die Träume teilten sich.

Ricardo ist verschwunden, wer weiß, was er treibt. Ich habe keine Lust mehr, ihn zu suchen, und glaube auch nicht, dass er sonderlich viel Wert darauf legt. Der Pariser Sänger mit dem Dreiwochenbart kündigt noch eine Zugabe der Zugabe an, als die silbern verchromte Fahrstuhltür vor meinen Augen zusammenruckelt. Während der Aufzug mich wieder auf den Erdboden bringt, schaue ich in den Spiegel und sehe ein Gesicht in Gedanken: Was wäre eigentlich aus mir geworden, wenn es die DDR weiter gegeben hätte? Draußen winke ich mir ein Taxi heran, das mich über glatt asphaltierte Straßen zu meiner sanierten Altbau-Wohnung im zum Trendbezirk herausgeputzten Stadtteil Prenzlauer Berg bringt. Dort wartet eine rote kleine Badetasche auf mich, in der meine Zahnbürste liegt. Auf der Tasche steht in weißen Druckbuchstaben: »Um Ihr Wohlbefinden bemüht – Interflug«.

Ich habe mir die Tasche vor kurzem in einem Laden gekauft, in dem es Ampelmännchen, Spreewaldgurken und T-Shirts mit russischen Aufschriften gibt, die ins Deutsche übertragen den Spruch ergeben: »Wenn Du das nicht lesen kannst, bist Du ein dummer Wessi.« Ich war der einzige junge Mensch dort, und meine Anwesenheit war mir selbst gegenüber ein wenig peinlich. Doch nachdem ich im Schaufenster die Interflug-Tasche entdeckt hatte, die früher bei jedem Urlaubsabenteuer im Haltenetz des Vordersitzes steckte und in der sich Erfrischungstücher und ein kleines Nagelset befanden, überkam mich so etwas wie Heimweh. Die Delfinshows in Bulgarien kamen mir in den Sinn, die Spaziergänge durch die Prager Altstadt, auch die Tschernobyl-Wolke. Ich musste die Tasche haben, selbst wenn dieser lächerliche Plasteartikel mit schwergängigem Reißverschluss nicht weniger als 20 Euro kosten sollte.

Am nächsten Tag rief ich meine Eltern an. Ich hörte, wie mein Vater den Hörer vom kombinierten Fax-Telefon-Gerät nahm, und erzählte ihm sogleich die Geschichte meines neuen Kulturbeutels. Er erwiderte, er habe vergangene Woche einen Film über Interflug im Fernsehen gesehen, doch sei ihm auch diesmal nicht klar geworden, warum der Betrieb geschlossen werden musste. Dann rief er meine Mutter zum Hörer. Ich erzählte ihr alles noch einmal von vorn, und als ich innehielt, um ihre freudige Reaktion zu hören, bemerkte sie mit trauriger Stimme: »Warum hast Du mich denn nicht gefragt? Ich habe noch fünf solcher Taschen im Schrank.« Nein, nicht mal in der Nostalgie treffen wir uns.

Wie soll man den eigenen Eltern sein neues Leben erklären? Und warum bin ich nicht selbst darauf gekommen, meine Mutter nach der Interflug-Tasche zu fragen? Vielleicht ist es gar nicht so einfach, wie alle immer sagen: Mauer in den Köpfen, Ossis und Wessis. Eine unbeachtete, aber ebenso strenge Trennung verläuft zwischen Ost und Ost. Denn während die einen längst auf der anderen Seite leben, wirken die anderen alt im neuen Deutschland. Meist ist das eine Generationenfrage. Mein Vater geht nicht wählen in der Demokratie, die wir gemeinsam herbeigesehnt haben. Meine Mutter verkauft keine Träume mehr. Die Verluste werden nicht besprochen, wenn wir uns sonntags im Kleingarten beim Kirschkuchen treffen. Wir sind auf unterschiedliche Weise in der neuen Zeit angekommen, auch darüber reden wir nicht. Andernfalls würde unser ostdeutsches Gemeinschaftsgefühl verloren gehen; die Erinnerung an ein Leben, von dem der Westen sowieso keine Ahnung hat.

Wenigstens meine alte Schulfreundin Ilonka, mit der ich immer ins Grüne fahre, sobald der Sommer kommt, hat meine neue Tasche angemessen bewundert. »Geil, woher hast Du die denn?«, rief sie, als ich den Kulturbeutel auf das Waschbecken der kleinen Pension stellte, in die wir uns für ein Wochenende unter guten Freunden eingemietet hatten. Ilonka steigerte sich in einen Lachanfall, während sie immerfort wiederholte: »Um Ihr Wohlbefinden bemüht, um Ihr Wohlbefinden bemüht...« Dann gingen wir raus, doch in dem Nest, in das es uns verschlagen hatte, gab es nichts außer dem Lausitzring, einer mit Aufbau-Ost-Mitteln errichteten Autorennstrecke, auf die die Formel 1 nicht gewartet hat. An jenem Wochenende hatten die Tribünen im Wald wenigstens einen Sinn, denn Herbert Grönemeyer sollte hier ein Konzert geben, und das war mir aus nostalgischen Gründen die Anreise wert. Grönemeyer ist ein Superstar in Ostdeutschland, obwohl er in der DDR kein Konzert geben durfte und seine Lieder im (Ost-)»Berliner Rundfunk« nie gespielt wurden. Der Barde aus dem tiefen Westen, wo die Sonne verstaubt, sang Lieder, mit denen er die Bundesrepublik meinte, die aber viele Ostdeutsche auf ihre eigene Situation ummünzten. Auf den Demonstrationen im stürmischen Herbst 1989 waren Plakate zu sehen mit Losungen wie »Kinder an die Macht!« oder »Stasi zu Gummibärchen!« Mein erstes Grönemeyer-Konzert erlebte ich mitten im Wendetaumel auf einem abgeernteten Kornfeld am Berliner

Stadtrand. Hier war genügend Platz für 100 000 Menschen, die jahrelang auf diese Zugabe gewartet hatten.

Vor dem Start am Lausitzring schlenderte ich noch mit Ilonka durch die Gegend und lud sie am neu gepflasterten Marktplatz zum Essen ein. Das beste Haus am Platze war eine Speisegaststätte aus DDR-Zeiten, das sah man schon am mit einem Holzverschlag abgetrennten Empfangsbereich, in dem man früher hätte ausharren müssen, bis man platziert wird. Noch heute stehen hier Soljanka, Toast Hawaii und Letscho auf der Speisekarte – wie in jedem Restaurant zwischen Fichtelberg und Kap Arkona, das seine Stammkundschaft nicht verprellen will. Nur in Gepflogenheiten der DDR-Küche nicht Eingeweihte sind jedes Mal aufs Neue überrascht, wenn sie statt der angekündigten Salatbeilage eine achtel Tomate, drei Gurkenscheiben und 36 Maiskörner aus der Dose auf ihrem Teller finden. Ilonka bestellte sich Ragout fin und verfiel wieder in ihr ansteckendes Lachen, so laut, dass sich die bemützten Männer am Stammtisch zu uns umdrehten. Diese Art von sozialistischer Selbstironie hat mir immer an Ilonka gefallen, so sehr, dass ich mehrere Schulhalbjahre lang annahm, ich sei in sie verliebt. Als Ilonka sich schließlich Worcestersauce aus Dresden auf ihr mit Scheibenkäse überbackenes Würzfleisch träufelte, bekannte sie, dass sie eigentlich nur wegen eines Grönemeyer-Liedes mitgekommen sei. Es sei auf keiner CD veröffentlicht und werde nur bei Konzerten gesungen: »Heimat ist kein Ort, Heimat ist ein Gefühl«.

Heute kann Heimatgefühl ironisch sein und doch wieder nicht. Die jungen Ostdeutschen haben eine Zeitenwende überstanden, Ilonka, Ricardo und viele andere meiner Freunde und Bekannten konnten sie zu ihren Gunsten nutzen. Zugleich haben sich viele ältere Ostdeutsche skeptisch und zum Teil verdrossen zurückgezogen, obwohl doch sie es waren, die die Mauer zum Einstürzen brachten. Was haben die Eltern in ihrem zweiten Leben zu finden gehofft, warum ist ihre Enttäuschung heute oft so groß? Laut Datenreport 2006 des Statistischen Bundesamtes halten nur 38 Prozent der Ostdeutschen die Demokratie für die beste Staatsform. Weshalb ist die Freude derart gering, nicht mehr in einer Diktatur zu leben? (Und warum nennt man sie nicht so?) Wie fühlt es sich an, wenn unterschiedliche Erfahrungen heute bei Familienfesten aufeinanderprallen? Was passiert, wenn erfolgreiche Kinder auf ihre arbeitslosen Eltern treffen, Zufriedenheit auf Unmut und Bitterkeit, die West-Freundin auf die Ost-Oma? Eigene Geschichten will ich hier ebenso erzählen wie Erlebnisse von Freunden und von Menschen, die ich auf Reisen durch das neue Deutschland, das sich weiterhin Bundesrepublik nennt, getroffen habe. Die Motivation für dieses Buch ist ganz einfach: Ich will wieder ein Stück gemeinsam mit meinen Eltern gehen – auf der neuen Seite.

Das Problem des Ostens ist, dass er sich vom Westen unverstanden fühlt und sich gleichzeitig selbst nicht versteht. Unsicher bleiben deshalb viele Menschen auf der alten Seite zurück. Erst wenn der Osten ein neues Selbstbewusstsein entwickelt, kann er verschwinden als halber Teil eines ganzen und doch nicht ganzen Landes. Derzeit aber lebt der alte Osten wieder auf, sogar im durchsanierten Zentrum von Berlin.

Kürzlich war in den »Schönhauser Allee Arcaden«, einem ufoförmigen Einkaufszentrum meiner Gegend, in dem Jung und Alt täglich außer sonntags bis 20 Uhr Freizeit verlebt, eine Ausstellung zu besichtigen: »Reise durch die Waren-

welt der DDR«. Welch ein Anachronismus ist das, wenn ausgerechnet in einem Konsumtempel des vereinten Deutschlands, in dem es hinter stets sauber blitzenden Scheiben all
das zu kaufen gibt, wonach sich der DDR-Bürger nicht einmal sehnen durfte, nun Elasan Zartcreme, die Diskosnack-
Süßtafel mit Zwiebackbruch sowie die Zigarre Werkfleiß
ausgestellt werden? Und welch ein seltsames Gefühl des
stillen Einverständnisses befällt auch mich, wenn ich beobachte, wie sich Rentner auf ihre Stöcke stützen, um einmal
das Dampfkonserviergerät Acodra in die Hand zu nehmen,
wie Schüler, die beim Mauerfall höchstens zwei Jahre alt gewesen sein können, ihre Fotohandys vor den putzigen Tank-
wart Minol Pirol halten. Der Osten ist nicht verschwunden.
Er ist angekommen im Konsumherzen des Westens – als ge-
heimnisvoller Markenartikel.

Warum ist das so? Warum empfinde auch ich diese Identität als schaurig und schön zugleich? Um mir das zu beantworten, bin ich tief in den Osten gefahren und habe mir den
Alltag in abgelegenen Orten angeschaut, in denen junge
Menschen vor der Alternative stehen, ihre Heimat zu verlassen oder gemeinsam mit ihren Eltern zu verarmen. Überall,
wo ich hinkam, ist das Damals ins Heute eingraviert.

Das Gefühl aus Ankommen und einer nicht vergehen wol-
lenden Sehnsucht setzt sich aus zahlreichen kleinen Erleb-
nissen zusammen. Es sind Puzzleteile mit unterschiedlich
geformten Rändern, die aneinandergefügt ein Gesamtbild
ergeben, dessen graue Stellen die meisten schon vergessen
haben. Um dieses Bild noch einmal zu sehen, habe ich mich
mit meinem Kinderbuchhelden Alfons Zitterbacke auf eine
Reise in meine DDR-Kindheit begeben, habe Lehrer und
Vorbilder von einst getroffen. Ich habe auch alte Jugend-
freunde aufgespürt, mit denen ich die rasenden Tage des

Umbruchs erlebte, um nachzuforschen, was aus ihren Träumen geworden ist. Und ich habe mich so ausführlich wie lange nicht mit meinen Eltern unterhalten. Dabei ist mir klar geworden, dass es den einen Osten, der immer öffentlich beschworen und mit manch vergammelter Nostalgieware abgezockt wird, gar nicht gibt. Dort, wo der Osten zu Hause ist, wird über die unterschiedlichen Wege ins Hier und Jetzt allerdings selten gesprochen. Die Zwischentöne der deutschen Einheit sind bislang im Verborgenen geblieben – zum Beispiel einige beiläufig ausgesprochene, aber bemerkenswert treffende Worte, die ich am Ossi-Stammtisch in Frankfurt am Main hörte, zu dem mich Ricardo mitnahm.

Ein Sprung in eine alltägliche Parallelwelt: Zwei Dutzend Bankerinnen und Computerspezialisten sitzen nach Feierabend an einem Biertisch und bestellen Pizza. Sie treffen sich alle zwei Wochen, um sich über ihre Rückenbeschwerden und den Wohnungsmarkt zu unterhalten. Sie tauschen sich auch darüber aus, in welchen Supermärkten Dresdner Stollen zu haben ist, Bautz'ner Senf und Oblaten aus der Tschechei. Sie sind alle so jung wie die Leute im »Weekend«, viele haben wegen des Geldes ihre Heimat verlassen, einige wegen der Liebe. 230 eingetragene Mitglieder hat der Ossi-Stammtisch in Frankfurt am Main, es kommen immer neue hinzu. Eine Frau, die mir zur Begrüßung die Hand über den Tisch reicht, sagt: »Ich bin schon seit fünf Jahren hier drüben.«

Hier drüben. Diese zwei Worte sind das Lebensfundament vieler jüngerer Ostdeutscher, die die Vorteile der Demokratie zu schätzen wissen und doch nicht voll und ganz ankommen. Die junge Frau, die mir diese Worte zugerufen hat, kann an ihnen nichts Seltsames finden. Sie streicht ihre blonden kleinen Locken zurück – eine Frisur, wie sie schon meine Pionierleiterin trug und wie sie von Friseurläden im Osten nach wie vor in Schaufensterbildern angepriesen wird –, und dann erzählt sie voller Selbstverständlichkeit von ihrem langen Dienstweg ins vereinte Land. Die Dresdnerin fand nach ihrer Ausbildung zur Bankkauffrau keine Stelle in ihrer Umgebung; die meisten Jobs würden von zugezogenen Westlern blockiert, beschied man ihr. Nach einem halben Jahr Suche und 30 Bewerbungen bekam sie Arbeit in der Finanzmetropole am Main angeboten – ausgerechnet von der Dresdner Bank.

Allein an diesem Tisch in einem Biergarten 300 Kilometer westlich vom früheren Grenzübergang Helmstedt versammeln sich so viele schaurig-schöne Geschichten. Da verkündet ein Softwarespezialist aus Thüringen nicht ohne Stolz, er habe herausgefunden, dass 40 Prozent des Bruttoinlandsprodukts von gebürtigen Ostdeutschen erwirtschaftet werden, »denn die Ossis sind flexibel«. Da berichtet eine Frau, die ihrem Freund in den Westen hinterhergezogen ist, wie irritiert sie darüber sei, dass sie mit ihren neuen Kollegen immer alles ausdiskutieren muss, »denn die Wessis sind so sachlich«. Und da erzählt mein Freund Ricardo, der mit seinen Eltern 1988 aus der DDR in den Westen ausgereist ist, wie er den Mauerfall in einem Durchgangscamp erlebte und neben Erleichterung auch einen Hauch Wut verspürte, »denn nun fühlte ich mich weder als das eine noch als das andere«. Alle zwei Wochen schildern sie sich gegenseitig ihre Erlebnisse. Sie meinen, dass sie sonst keiner hören will.

Welche Spuren hat die DDR hinterlassen, bei Jung und Alt, in den Köpfen und in den Herzen? Was lohnt sich zu vergessen, was sollte nicht verwischt werden? Es ist wohl so, wie »JoeSachse« im Forum der Internetseite *www.geteilte-*

traeume.de schreibt: »Die Wossis, also die Ossis, die in den Westen gegangen sind, entwickeln glücklicherweise gerade · ein neues Selbstbewusstsein; etwas, was wir im Osten so nie gelernt haben.«

Die Erinnerung an das Früher ist ein kostbares Gut, denn ohne sie sind die Geschichten des Heute gar nicht zu verstehen. Mit dem Schatz der Erinnerung an die DDR ist das wiedervereinigte Land oft ruppig, zuweilen gleichgültig, manchmal wehmütig umgegangen. Das halte ich für falsch. Ich möchte, dass jeder die ach so geheimnisvolle Ost-Identität versteht, egal woher er kommt.

Alle Personen, die in den Erzählungen vorkommen, gibt es in Wirklichkeit nicht. Aber jede Geschichte, die sie erleben, ist tatsächlich passiert, jeder Dialog ist gesprochen, jede Postkarte geschrieben worden – auch jene der sowjetischen Brieffreundin aus einem mir unbekannten Ort namens Orscha. Gleichzeitig erzähle ich von meinen Eltern, der Wende und mir. Diese Familiengeschichte hat sich tatsächlich so zugetragen. Jedenfalls erinnere ich mich so.

Wir sind in Pankow aufgewachsen, im Norden des Ostens von Berlin. Am Park hinter unserer kleinen Altbau-Wohnung gab es ein mit hohen Mauern umgrenztes Gelände, das Gästehaus der DDR-Regierung. Über diese Mauer schmiss ich früher mit meinem Fußballfreund Ricardo Kastanien, um die Volkspolizisten zu ärgern; manchmal war auch unser Skatkumpel Marcus dabei – ein Draufgänger, der gern mal überreizte und auch noch die Wärterhäuschen vor dem Schlosstor bewarf. Tagtäglich schaute ich am Himmel den Flugzeugen nach, die über uns hinweg den West-Berliner Flughafen Tegel ansteuerten. Und dann flogen wir selbst los in die Freiheit, auch wenn unsere Familie nur von Schönefeld bis ins bulgarische Varna kam, um westdeutschen Touristen ihre ausgelesenen Zeitungen abzuschwatzen. »Ich rede gerne mit Deutschen aus dem Osten«, sagte eine Marktverkäuferin am dortigen Druschba-Strand einmal zu uns. »Aber leider haben die Deutschen aus dem Westen das bessere Geld.« Eigentlich sollte dieser Satz ein Kompliment sein, doch er hat uns gekränkt. Viele Unterschiede waren schon früher da als heute gemeinhin angenommen wird, zwischen Ost und West, auch zwischen Ost und Ost. Nun werden sie bejammert, man fühlt sich gegenseitig unverstanden. Warum? Wohl auch, weil sich der Osten Deutschlands selbst noch nicht verstanden hat. Weil er sich in unübersichtlichen Zeiten an falsche Identitäten klammert, weil er sich nicht mehr mit Bulgarien vergleicht, sondern mit dem glitzernden Westen aus dem früheren Werbefernsehen. Dabei liegt die Wahrheit so nahe – versteckt unter den Gartentischen, um die sich die Familien im Frühling gruppieren, versteckt auch im Haus des Reisens. Aber wenn der Fahrstuhl vom zugigen Alexanderplatz hinauf ins neue Berliner Partyleben rauscht, dann fährt er ohne Halt an den Träumen vorbei, die ich mit meinen Eltern geteilt habe.

Heute leben viele Familien im Osten gemeinsam in getrennten Welten. Ich will meine Eltern verstehen und, so mir das gelingt, auf die andere Seite locken. Wir werden sicher nicht im »Weekend« landen, da würde schon der strenge Türsteher nicht mitmachen. Aber man könnte, wenn man das Früher und die unterschiedlichen Wege ins Heute besser begreift, offener über das Morgen sprechen. Vielleicht im nächsten Sommer, bei einem Eis auf dem Alexanderplatz. Meinetwegen auch bei einer Soljanka.

2.

Wahnsinn Wende.
Der ungeteilte Traum

Es ist ein Bild vollkommener Sorglosigkeit. Auf dem Tisch liegen eine weiße saubere Decke und ein aufgeklapptes Portmonee. In der Ecke, gleich neben dem Kachelofen mit den braun glänzenden Fliesen, steht ein Aquarium, in dem Topfpflanzen ausgestellt sind. Drei Menschen sind zu sehen, sie halten Geldscheine in den Händen, wie bei einem Kartenspiel. Meine Mutter, bekleidet mit einer blauen Haushaltsschürze, auf der weiße Blümchen aufgedruckt sind, schaut amüsiert auf ihr Blatt. Ihr Blick geht ein wenig unter dem Rand ihrer Brille hinweg, das verleiht ihrer Freude einen skeptischen Zug. Mein Vater, mit einem dunklen Nicki bekleidet, reckt triumphierend seine Trümpfe in die Höhe. Er lacht mit offenem Mund. Meine Schwester steht am Tisch, sie sieht konzentriert aus, so als wäre sie mit dem Ausspielen an der Reihe, müsse aber noch darüber nachdenken, welchen ihrer Trümpfe sie ziehen sollte. Es ist ein Tag des gemeinsam erlebten Glücks, der Tag, als die D-Mark in unser Leben einzieht.

Ein Foto, auf dem Geld zu sehen ist, gibt es sonst in den Fotoalben meiner Familie nicht. Wozu auch? Geld spielte in der DDR keine Rolle, viel wichtiger war, was man relativ unabhängig von den Scheinen mit Clara-Zetkin- oder Karl-Marx-Aufdruck beschaffen konnte und was nicht. Mein Onkel Joachim, der in der kleinen erzgebirgischen Stadt Wolkenstein als Bauer lebt, brachte früher mit dem Trabbi die Eier seiner Hühner in den Konsum und bekam dafür 32 Pfennige. Danach konnte er sie im Laden zurückkaufen – für 25 Pfennige. Irgendwas stimmte mit unserem Geld nicht. Nach Schulschluss legte ich die als Aluchips verspotteten Münzen auf die Straßenbahnschienen und sah zu, wie sie zu mattsilbernem Feinstaub pulverisiert wurden. Wenn noch etwas übrig blieb, holte ich mir in der Spätverkaufsstelle ein paar Pfeffi-Bonbons. Die lutschten sich schnell weg. Ganz anders war es, als ich mit meinem Freund Ricardo meinen ersten Einkauf im Intershop tätigte. Wir hatten uns in der Klasse über Monate hinweg ein wenig Westgeld zusammengetauscht (der Kurs, den die Schüler mit Westverwandtschaft täglich neu festsetzten, schwankte zwischen 7:1 und 13:1); dafür holten wir uns an einem aufregenden Nachmittag in einem nach süßem Öl und nicht bitterem Kaffee duftenden Intershop an der Friedrichstraße eine Schallplatte: Ö von Herbert Grönemeyer. Nun trafen wir uns fast täglich nach der Schule in Ricardos Wohnung. Während in der Küche das Spaghettiwasser überkochte, hörten wir im Wohnzimmer seiner Eltern die Platte, bis wir jede Textzeile auswendig kannten. »Wir kontrollieren jeden Sender / alles wird vorgedacht / Erst wenn der Fernseher aufhört zu denken / tut er was man ihm sagt.« Sind damit nicht auch wir gemeint?, fragte mich Ricardo, und ich sagte ja, und wir fanden uns ganz schön mutig. Wir sangen mit: »Wir bespitzeln jeden unserer Gegner / speichern jedes schwarze Schaf.« Dieses Gefühl der kleinen Freiheit hat uns das Westgeld noch wertvoller erscheinen lassen als 13:1.

Als an einem Sommermorgen plötzlich alle D-Mark hatten und jede Ware dafür erwerbbar war, wurde das Geld in meinem Portmonee zu einer Währung, an deren Wert niemand zweifelte. Nun kam es darauf an, wie viel Mark man

hatte. Ich kaufte mir von den – inzwischen nicht mehr bieg-
baren – Münzen, die ich für das Austragen von Bolle-Werbe-
prospekten in meiner Nachbarschaft erhielt, nach und nach
alle Grönemeyer-Kassetten. Es hat mich befriedigt, das tun
zu können. Das alte Gefühl, etwas Unerreichbares erwor-
ben zu haben, kam aber nicht wieder.

Längst habe ich mich an den Euro gewöhnt, auch wenn
die Motive auf den schmalen Scheinen so enttäuschend
nichts sagend sind. Die Einführung 2002 war in Ostdeutschland keine Sensation mehr. Ich weiß nur noch, dass meine
Mutter es bedauerte, das mühsam erwartete Westgeld wieder
hergeben zu müssen. Von jeder DM-Münze hob sie eine auf –
beim DDR-Geld hätte sie nicht im Traum daran gedacht.
Mein Vater fand die ganze Europa-Sache sowieso suspekt,
er meinte, wir hätten mit unserer Vereinigung genug zu tun.
Auf das Umtauschen im Italien-Urlaub hat er aber, glaube
ich, trotzdem gerne verzichtet. Ein paar Verwandte im Erzgebirge fingen an, Münzen aus den verschiedenen Ländern
zu sammeln, lange hielt das allerdings nicht an. Eine aufwüh-
lende Diskussion in unserer Familie oder gar ein lohnendes
Fotomotiv gab der zweite Währungswechsel innerhalb von
zwölf Jahren nicht mehr her. Denn diesmal änderte sich nur
das Geld, nicht sein Wert.

Wenn ich heute das Foto meiner mit Westscheinen spielenden Familie betrachte, sehe ich die Dramatik der Wende
wieder vor mir: Ich sehe die straßenlangen Schlangen vor der
Sparkasse in Pankow und die alte Frau, die kurz vor dem
Schalter ohnmächtig wird und von allen lachend bedauert
wird, weil sie nach dem Aufwachen ihre Ostmark bestimmt
nicht mehr umtauschen darf. Unter Jubel schlägt sie einige
Minuten später die Augen wieder auf. Ich stelle mir die klaf-
fend leeren Schaufenster in der Woche vor dem Stichtag vor

und die mit bunten Gläsern und Geschenkartikeln auf-
gefüllten Regale in der Woche danach, die tosende Waren-
fülle in jeder alten Kaufhalle, selbst wenn dort noch die
quietschenden Einkaufswagen warteten, an denen sich zwei
von vier Rädern nicht drehten. Es waren die Tage, in denen
sich das Alte mit dem Neuen ganz zwanglos vermengte, in
denen frische Träume und gebrauchte Nützlichkeiten noch
zusammenpassten, alles ein verqueres, aber logisches Ganzes ergab. Ich schaue noch einmal auf das Foto und erkenne
an einem winzigen Detail das Durcheinander dieser atem-
losen Zeit: Auf den braunen Fliesen des Kachelofens am
Wohnzimmertisch spiegelt sich das Blitzlicht wider, das ich
einen Tag vor der Währungsunion bei einer Ramschaktion
für mein letztes DDR-Geld gekauft habe.

Der Alltag war ein Irrsinn, in dem sich Zeiten ineinander-
schoben, Tage sich selbst überholten. Wohl deshalb sind in
meinem Kopf nur Bruchstücke geblieben aus dieser täglichen
Gefühlsentstauung; Aufnahmen von Momenten, in denen
fast alles Erlernte und Erlebte vom Herbststurm davonge-
fegt wurde. An einem Dienstag demonstrierten wir vor dem
Haus des Lehrers gegen den Sonnabendunterricht – am
Sonnabend gab es ihn schon nicht mehr. An einem Montag
riefen die Menschen »Wir sind das Volk!« für eine reformier-
te DDR, am nächsten feierten sie Helmut Kohl. An einem
Freitag machten in der Schönhauser Allee in Prenzlauer
Berg, dem vermeintlichen »Ku'damm des Ostens«, die Geschäfte nicht mehr auf, weil alle zum richtigen Ku'damm pil-
gerten. Und irgendwann sagten die Menschen zum Sonnabend das Wort Samstag. Manchmal nur behielt die alte
Welt mit Mühe die Oberhand – für ein paar unglaublich lange Augenblicke.

Vier Wochen vor der Währungsunion, am 29. Mai 1990, landete ich mit einem Iljuschin-Flugzeug in Moskau. Ich war mit Johannes unterwegs, einem Reporter aus der Redaktion Kinderradio des »Berliner Rundfunks«. Er hatte mich in der DDR zu einem angehenden sozialistischen Journalisten erziehen wollen, nun begleitete er mich als Aufsichtsperson zu einem Camp für junge Reporter aus Osteuropa, für das ich mich in einem vergangenen Leben angemeldet hatte und das trotz des Umbruchs niemand abgesagt hatte. Am Flughafen wurden wir von einem angerosteten Barkas-Bus aufgenommen und über paradengroße Plattenstraßen gefahren; vernebelte Landalleen mündeten in einen löchrigen Sandweg, der an einem Barackenlager im Wald endete. »Wo sind wir?«, fragte ich Johannes. Er zuckte mit den Achseln. »Ich glaube, wir brauchen Gummistiefel«, sagte er. Es hatte seit der Abfahrt geregnet, seitdem mussten etwa vier oder fünf Stunden vergangen sein. Aus der Hauptbaracke, die an ihren zwei unbehängten Fahnenmasten zu erkennen war, kam eine junge Frau mit wehenden Haaren. »Ich bin Natascha«, sagte sie auf Russisch, und während sie mir wie vertraut über die Haare strich, lachte sie Johannes an.

Im Versammlungssaal saßen Polen, Bulgaren, auch Tschechen und Slowaken (zwischen ihnen blieb ein Platz frei), außerdem Jakuten, die Silberschmuck trugen und schwarze Fingerkuppen von der asiatischen Winterkälte hatten. Früher, also ein paar Monate vorher, hätten wir sie Sowjetmenschen genannt. Wir alle waren um die 15 Jahre jung, es gab eine Vorstellungsrunde. »Ich bin Oleg, und ich beobachte die Zugvögel über Warschau«, sagte ein dicklicher Junge mit Ringelpullover. Ich sah meinen Begleiter Johannes staunend an: Zugvögel sind aber eine anspruchsvolle journalistische Aufgabe! »Ich heiße Katinka und füttere die Spatzen in unserem Stadtpark in Odessa.« – »Mein Name ist Katalin, ich züchte junge Kanarienvögel in Bratislava.« – »Juri, Sofia, Wachteleier.« Johannes rüttelte an meinem Arm. »Ich glaube, wir haben uns verflogen«, stotterte er. Irgendetwas war durcheinandergeraten, junge Reporter gab es hier jedenfalls nicht. Vielleicht hatte der »Berliner Rundfunk« eine Falschmeldung verbreitet; der Sender mit seinen riesigen Funkhäusern in einem Industrieviertel kämpfte gerade ums Überleben. Oder wir hatten etwas missverstanden im Wust der Millionen Informationen, die in jenen Wochen auf uns niedergingen. Jetzt saßen wir in der russischen Weite fest. Während sich in Deutschland die Tage selbst überholten, blieb für mich die Zeit stehen, zehn Tage lang.

Wir spazierten zum nächsten Dorf, in dem es Wege aus Sand gab und Häuser aus Holz. In der Dorfmitte standen zwei Ziehbrunnen – von solchen Dörfern hatte mein Opa aus dem Krieg erzählt. Wir fuhren in die Kreisstadt, kauften Gummistiefel. Wir wanderten mit Oleg und Katinka durch den Wald auf der Suche nach exotischen Vögeln. Abends gab es im Essensraum eine Disko mit russischen Kampfliedern und Heavy Metal. Die Jakuten machten mit einer Maultrommel die Geräusche von Pferden und Regentropfen nach. Am sechsten Tag fuhren wir nach Moskau und versuchten nach Berlin zu telefonieren, aber es klappte nicht – irgendwer war in Deutschland gerade wieder überfordert. Am achten Tag blieb ich allein. »Natascha hat mich auf ihr Zimmer eingeladen«, gab Johannes bekannt. Ich sah ihn erst am nächsten Morgen wieder. Zum Abschluss gab es eine ornithologische Olympiade. »Tapfer geschlagen«, sagte ein russischer Betreuer auf Deutsch zu mir. Ich erhielt einen Fotoband mit russischen Bildunterschriften und eine Urkunde. »Was war mit Natascha?«, fragte ich Johannes auf dem Rückflug.

»Nichts weiter«, entgegnete er, »ich kann mir doch in diesen Zeiten kein russisches Kind andrehen lassen.« Die Iljuschin landete in Schönefeld, die Zeit lief wieder los. Und wir waren fest entschlossen, die Vergangenheit in der früheren Sowjetunion zu lassen.

»Kannst Du den Kaffee bezahlen?«, fragt Johannes. »Ich bin gerade ein bisschen knapp.« Er sitzt mir gegenüber in einem der sachlich-hübschen Coffee-to-go-Geschäfte der neuen Berliner Mitte, vor dem Fenster rauschen BMWs die Schönhauser Allee entlang. Johannes sieht ernster aus nach den vielen Jahren, der Reißverschluss an seinem Sweatshirt ist bis zum Hals zugezogen, beim Umarmen sind wir mit den Brillen zusammengestoßen. Johannes zählt die Jobs auf, die er seit der Wende hinter sich gelassen hat: Radiosender in Sachsen, Fernsehmagazine in Brandenburg, Vermarktung überall und nirgends, derzeit Werbung für den Wiederaufbau des Berliner Stadtschlosses »ohne Verfälschungen, so wie es ganz früher einmal war«. Johannes scheint sich durchzuschlagen, in die feinen Falten auf seiner Stirn hat sich Stress eingegraben, eine Spur Nostalgie hat sich in seinen Augen festgesetzt. Aus seiner Kunstleder-Aktentasche holt er eine Urkunde, auf der vorn Lenins Kopf golden eingekerbt ist, drinnen liegt ein Arbeitsprotokoll vom Ornithologielager »Unblutige Jagd«. Dann schaltet Johannes seinen Walkman ein, im Kopfhörer erklingt der eisklare Gesang einer Jakutin. »Es war die aufregendste Zeit meines Lebens«, erzählt Johannes.

Natascha ist ihm wehenden Haares hinterhergereist. Nur wenige Wochen nach unserer Rückkehr kam sie nach Berlin, erst bloß zu Besuch. Dann quartierte sie sich in seiner Wohnung ein, irgendwann war ihr Visum abgelaufen, aber immer, wenn Johannes sie zum Flughafen bringen wollte, klagte sie über Fußweh, Kopfweh, Fernweh. Die Zweifel von Johannes wuchsen, Nataschas Anziehung auch. Ab und zu unternahmen sie Ausflüge, einmal ging es nach Potsdam zum Schloss Sanssouci, dort trafen sie eine alte Bekannte von Johannes aus Hamburg, die mit einem Cousin aus den USA unterwegs war. Innerhalb weniger Minuten sattelte Natascha um. Johannes legt eine Erzählpause ein. »Vor drei Jahren hat sie mich angerufen«, sagt er. »Sie ist jetzt in Amerika verheiratet.« Natascha hat ihre eigene Wende geschafft. Johannes arbeitet noch dran.

Das Wort Wende ist eigentlich Quatsch. Es suggeriert, dass jemand, der den Überblick hatte, die Dinge zum Besseren gewendet hat. So wollte es ja auch der neue SED-Chef Egon Krenz verstanden wissen, als er nach der Ablösung Erich Honeckers behauptete, seine Partei werde jetzt etwas Neues einleiten, eine Wende. Doch es hatte keiner den Überblick zwischen Oktober 1989 und Oktober 1990 – am wenigsten Egon Krenz, von dem einzig ein Wort und ein falsches Lächeln haften geblieben sind. Trotzdem beschreibt der knackige Begriff das Lebensgefühl eines Volkes, das mit einem Sprung die Seiten wechselte und für das auf einmal alles möglich war. Das Blatt, das angeblich nur eine Vorderseite hatte, wurde gewendet, und allein der Blick auf die immer verbotene Rückseite löste einen Gruppenrausch aus: Wahnsinnslust, Freiheitsdrang, auch Angst.

Wahnsinnslust. Es war nicht nur das Westgeld, das den Seitenwechsel in ein Glücksgefühl ummünzte, nicht der Doppelkassettenrekorder, den ich mir für 99 von 100 D-Mark Begrüßungsgeld kaufte, nicht die Kiwi, für die ich danach die letzte Mark ausgab. Viel mehr Glückseligkeit lag in jener Szene, in der meine Mutter den türkischen Gemüsehändler in Kreuzberg fragte, wie man die Kiwi denn kochen müsse. Sein ansteckendes Lachen schallt mir bis heute in den Ohren: »Schälen, nicht kochen.« Und er schenkte uns eine zweite Kiwi zum Üben. Solch eine peinlich-schöne Begebenheit kann jeder Ostdeutsche erzählen, wenn er gefragt wird. Jeder erinnert sich gern an die Leichtigkeit, mit der Fremde sich umarmten bei den wöchentlichen Grenzübergangsfeiern. Auch an die Ernsthaftigkeit, mit der einst entmündigte Bürgerinnen und Bürger an den Straßenecken über Politik diskutierten – freiwillig. Klar, später verschwand die Unbekümmertheit in den Plastiktüten, die jeder mit sich herumtrug, und die Konsumwelt offenbarte ihren tristen Kern auf den Gebrauchtwagenmärkten, deren Glitzerbänder die Ausfallstraßen der ostdeutschen Städte verschlimmschönerten. Dass auch der Kapitalismus eine Kehrseite hatte, wusste man noch nicht, man hätte es auch niemandem geglaubt.

Die ehrgeizigen Wendehälse konnten die Gefühle des Glücks am besten in sich klein halten. Die anderen schimpften auf sie, doch darin lag wohl auch ein wenig Neid auf ihre kühle Abgeklärtheit, mit der sie Volkseigentum zu ihrem eigenen Gunsten privatisierten oder sich alte SED-Grundstücke zum Spottpreis zuschanzten. Im Grunde aber waren die alt gebliebenen Karrieristen bedauernswert, weil sie auf ihre schmale Weltsicht beschränkt blieben. Die Massen dagegen, die Jungen, für die unerwartet alles zu haben war, und die Alten, die nun nicht mehr vor der Lebensentscheidung standen, abzuhauen oder sich anzupassen, sie alle haben die Wende ausgiebig genossen. Seitdem suchen sie, jeder für sich, nach dem verloren gegangenen Rausch.

Begeistert stellte ich mich für die junge Demokratie als Wahlhelfer in einem ehemaligen Klub der Volkssolidarität in Pankow zur Verfügung. Zwar erschien die Politik schon am Runden Tisch ungewohnt unübersichtlich, dafür voller Spannung und Dramatik. Das Ergebnis der ersten Bundestagswahl im Dezember 1990 in unserem Stimmbezirk notierte ich mir auf einem Zettel: PDS 244 Stimmen, SPD 237, CDU 185, Bündnis 90 116, FDP 78, Grüne 18, Graue 12, Republikaner 11. Die Spartakist-Arbeiterpartei Deutschlands erhielt eine Stimme. Nun, ganz repräsentativ lebten wir im Ost-Berliner Intellektuellenkiez offenbar nicht, aber welches andere Wort als »Wahnsinn« hätte zu dieser Vielfalt gepasst? Möglich geworden war das alles durch das mutige »Wir bleiben hier!« der Demonstranten und einen Versprecher des überforderten Günter Schabowski, der heute mit seinem Papagei in einer Berliner Wohnung lebt. Mit seinem Stoppelsatz »Das tritt nach meiner Kenntnis – ist das sofort, unverzüglich …« machte er den Wandel unumkehrbar. Als sich die 28 Jahre lang geschlossenen Grenzen öffneten, schliefen viele schon. Draußen wurden Träume wahr.

Zunächst gab es einen »demografischen Schock«, wie Sozialforscher es heute nennen. Mit dem Mauerfall gingen die Geburtenzahlen zurück, die Eheschließungen, sogar die Scheidungen. Äußerlich schützten sich die Familien mit dem Bekannten, doch das Neue lockte nicht nur an den Ecken, an denen es Sex zu kaufen gab. Im Stasi-Knast Hohenschönhausen, in dem Erich Mielke nach seiner Absetzung noch kurz in einer Zelle nach der Liebe aller Menschen suchen durfte, fanden ein alter Vernehmer und eine seiner ehemals Verhörten zueinander. Und in Leipzig, wo ich mit Freunden den Jahreswechsel zur Einheit feierte, erzählten sich die Menschen diese Geschichte: Eine Frau war verschwunden, ihren Mann und ihre beiden Töchter hatte sie unterm Weihnachtsbaum sitzen gelassen. Ihr letztes Lebenszeichen war ein Zettel in der Küche: Ich wollte schon immer mal durchs Brandenburger Tor laufen. Zwei Jahre später erst sollte sich die Frau wieder bei ihren Kindern melden, sie war inzwischen in Bremen gelandet. Durchs Brandenburger Tor sei sie nie gegangen, gestand sie. Ab 1995 stiegen alle sozialen Kennzahlen wieder, auch die der Scheidungen. Mit dem Politischen war das Private in Bewegung geraten, die Rechnungen wurden wie bei den neuen Möbelgarnituren meist später abbezahlt.

Ilonka hat früher als ich daran gezweifelt, dass das Leben mit dem Systemzusammenbruch unkompliziert wird. In der Schule, in der nach Weihnachten 1989 alle weiße Turnschuhe und lila Pullover trugen und mir Ilonka mit einer engen Wrangler-Jeans noch attraktiver schien als sowieso schon, hängte sie den Aufruf »Für unser Land« auf, mit dem die inzwischen legale Opposition die DDR noch auf den dritten Weg retten wollte. Ihren SED-Eltern, die weiterhin für den ersten sozialistischen Weg auf deutschem Boden Partei ergriffen und die meine unsozialistischen Eltern und mich stets gemieden hatten, erzählte sie davon nichts. Ich aber half ihr beim Anstecken des Aufrufs an die frühere Wandzeitung der Jungen Pioniere, an deren Fahnenstoff Dutzende Stecknadeln verwaisten, und als ich mich mit einer Nadel stach und Ilonka auf meinen blutenden Finger pustete, fragte ich mich: Können wir uns jetzt nicht hier sofort für immer ineinander verlieben? Einfach alle alten Einwände umschmeißen wie die Mauer und die Schulordnung? Ilonka ahnte meine Gedanken wohl, lächelte spöttisch und drehte sich weg. Zum neuen Jahr schenkte ich ihr ein Mixtape mit langsamen Liedern von Milli Vanilli, das ich mit Hilfe meines neuen Kassettenrekorders zusammengestellt hatte. Zum Dank gab sie mir einen Kuss auf die Wange.

Wie die PDS-Wähler in meinem Pankower Wahllokal

träumte Ilonka noch von einer besseren DDR. »Warum lassen Krankenschwestern ihre Patienten sterben?«, fragte sie, als die von ihr abonnierte FDJ-Zeitung »Junge Welt« die Horrorgeschichten von den gewissenlosen, geldgierigen Westgängern servierte. »Rückt unser Weltbild wieder gerade«, stand auf ihrem Plakat zur Demonstration von einer Million Mündigen auf dem Alexanderplatz. Dazu hatte sie eine Erdkugel gemalt, die in einem schiefen Bilderrahmen hing.

Nach ihrem Wangenkuss brachte ich Ilonka täglich von der Schule nach Hause. Die anderen Jungs foppten mich und schlugen mir auf die Schultern, doch sie wussten nicht, was vor ihrer Haustür stets passierte. »Meine Eltern warten«, sagte sie, und ich traute mich nicht zu fragen, ob ich wegen der unter Wende-Schock stehenden Eltern nicht mit nach oben kommen durfte oder wegen ihr. Eine Wende der Gefühle vermochte ich nicht zu erzwingen. »Rück mein Weltbild wieder gerade«, schrieb ich in einem Brief, den ich ihr nie schickte.

Wie naiv wir waren! So einfach, wie alles Gekannte umzustürzen möglich war, so leicht musste sich das Neue aufbauen lassen, bildete ich mir damals ein. Doch schon meine Eltern schienen das anders zu sehen – sie wirkten ernst in den Monaten des Glücks. Genau registrierten sie jede Fernsehnachricht und versuchten daraus zu schließen, welche Veränderung unsere Familie als Nächstes betreffen könnte. Natürlich genossen sie die Ausflüge in den Westen, aber sie unternahmen sie mit ihrem alten Wartburg, nicht etwa mit einem schnell gekauften Volkswagen. Sie agierten mit Bedacht, wohl auch, weil man längst nicht mehr wissen konnte, was noch alles ins Rutschen gerät. An einem Januartag 1990 notierte ich in meinem Tagebuch: »Heute waren Onkel

Kurt und Tante Luzie da, es gab mit Mutti eine große Diskussion um die Zukunft unseres Landes. Ich weiß nicht so recht, alles wird in Frage gestellt, nirgends macht das Halt, nicht vorm Sport, nicht vor uns. Ich saß wirklich zwischen den Stühlen: ranklotzen für eine bessere Zukunft (wie die Rentner meinen) oder dass die Leute moralisch nicht mehr aufgemöbelt werden können, um das zu schaffen.« Zum ersten Mal merkte ich, dass sich Träume von der Zukunft nicht immer auf einen gemeinsamen Nenner bringen lassen. Und ich spürte, dass auch meine Wünsche ins Wanken gerieten. Ich schrieb weiter: »Heute habe ich das erste Mal (heimlich) an meinem Sportreporter-Beruf gezweifelt. Es ist eine ungewisse Zeit, das ist das Schlimme.«

Angst. Vor Veränderung, die man so nicht wollte. Vor Regeln, die man nicht kennt. Vor Arbeitslosigkeit. Vor Neonazis. Vor Ausländern. Vor den Drogen. Vor den Ausbeutern. Vor allem aber: Angst vor enttäuschten Hoffnungen – wie damals beim ersten Gang über die Bornholmer Brücke und der Ankunft im so gar nicht prunkvollen Wedding. Die Furcht vor der Zukunft zu bekämpfen hat fortan zum alltäglichen Wende-Wahnsinn gehört. Natürlich hat sich das niemand anmerken lassen wollen. Mir fällt ein, dass Ilonka damals fast jeden Tag in die Kaufhalle mit den kaputten Einkaufswagen lief und sich die vielen neuen Obst- und Gemüsesorten unter dem alten »Südfrüchte«-Schild (unter dem früher meist nur Zitronen lagen) anschaute, in die Hand nahm und ihre Namen auswendig lernte: Lychee, Mango, Avocado.

Ilonka erzählte mir, dass in der Küche ihrer Eltern eine DDR-Einkaufsliste aus Plaste hing, an der man mit mehreren verschiebbaren Fenstern die Lebensmittel markieren konnte, die aktuell gebraucht wurden. Ilonka, die wie ich schon als Kind die Familieneinkäufe erledigte, wenn die Eltern noch arbeiten mussten, konnte die Liste aus 37 Produkten stets ohne nachzudenken herunterrattern. Für sie war es ein Spiel, so viele Dinge wie möglich in einem Atemzug zu nennen. Anfangs kam sie bis K wie Karotten, später bis P wie Pudding. Die Einkaufsliste der DDR ging folgendermaßen:

Äpfel, Bier, Brot, Butter, Eier, Essig, Fett, Fisch, Fleisch, Geflügel, Gewürz, Honig, Käse, Kaffee, Karotten, Kartoffeln, Kohl, Mehl, Milch, Obst, Öl, Pfeffer, Pudding, Rahm, Reis, Salz, Schinken, Senf, Speck, Suppe, Tee, Teigwaren, Wein, Wurst, Zitronen, Zucker, Zwiebeln.

Mit Willen und Begeisterung konnte man sich das merken. Nun aber war alles tausendmal schöner und tausendmal mehr. Wie hätte sie all das, was nun an die Regale lockte, auswendig lernen sollen?

Auf den Alltag des Irrsinns legte sich noch ein neuer, der des Westens. Beide ließen sich nur mit Mühe zusammenfügen. Ich entsinne mich, dass ich gemeinsam mit Ilonka am Zeitungskiosk an der zentralen Straßenkreuzung in Pankow das »Titanic«-Heft entdeckte, dessen Titel schnell berühmt werden sollte. »Zonen-Gaby (17) im Glück (BRD): Ihre erste Banane« – und Gaby mit der Jeansjacke hält eine geschälte Gurke in der Hand. Ilonka kaufte das Magazin, sie sagte kein Wort, ihre Wangen glühten. Dann rannte sie auf die Mitte der Kreuzung und zerriss das Heft in Stücke. Nach einem Tag Schweigen über diesen Vorfall erklärte sie mir, dass auch sie die dumpfe Konsumlogik der Hausfrauen verachte, die sich mit ihren Einkaufsnetzen auf einmal um die Sonderangebote bei Aldi und Penny rauften, ja, dass sie sich schäme, wenn ihre Mutter 4,99 näher an vier Mark wähne als an fünf. »Witze darüber beleidigen mich trotzdem«, stellte Ilonka fest. Weil sie aus dem Westen kommen, dachte ich damals für mich. Weil sie auf Kosten unserer heimlichen Ängste gingen, denke ich heute.

Wie uns die anderen wohl finden würden? Im Nachhinein betrachtet schien das eine der wichtigsten Fragen überhaupt zu sein. Meine erste Westreise unternahm ich kurz nach der Währungsunion. Im Hamburger Hafen legte am Nachmittag des 30. Juli 1990 eine Fähre nach Dover ab. Ich stach mit meinem Skatkumpel Marcus und Dutzenden anderen Jugendlichen in See zu einer Sprachreise in das Land meiner Träume. Endlich konnte ich die englischen Vokabelsätze ausprobieren, die ich aus fakultativen Schulstunden in Klassenräumen mit Big-Ben-Pappkulisse kannte. Ich war noch mit meinem DDR-Pass unterwegs, die britische Einreiseerlaubnis wurde gleich neben mein Russland-Visum gestempelt. Die Hälfte der Fahrt hatten meine Eltern noch in Ostmark bezahlt. Nun, auf der Nordsee, die salziger als die Ostsee roch, bekam ich endlich Gelegenheit, echte Westdeutsche in meinem Alter kennen zu lernen.

Sie hatten andere Klamotten an, buntere. Sie unterhielten sich über Serien von Fußball-Sammelbildern, die ich nicht kannte. Vor allem aber gingen sie in der Öffentlichkeit anders mit sich selbst um. Ganz selbstverständlich sprachen sie aus, was sie wollten. Einer von ihnen war in der Jungen Union und machte Zukunftsentwürfe für die ganze Welt, er selbst wollte CDU-Ministerpräsident werden, mindestens. Routiniert zählte er seine Programmpunkte auf, und ich fragte mich: Hat der keine Zweifel, kennt der keine Angst? Ein anderer, er konnte höchstens 16 Jahre alt sein, gab mir seine Visitenkarte: »Creative Artworx, Markus Wächter, Director Design Department.« Auch seine Adresse war vermerkt, und weil Direktor Markus noch zur Schule ging und bei seinen Eltern wohnte, stand unter der Telefonnummer:

»nach 18.00 h MEZ«. Mir kamen die Westdeutschen um Lichtjahre erwachsener vor.

Der Neid kam, heute kann ich das zugeben, in der zweiten Urlaubswoche. Die Reisegruppe hatte ein Lagerfeuer an einem Steinstrand entzündet, der Mond trieb das Meer zurück (zum ersten Mal sah ich Gezeiten), es war ein warmer Abend mit genügend Alkohol und Musik aus großen Rekordern. Als ich mit Marcus zum letzten Bus torkelte, der uns zu unseren Gasteltern bringen sollte, sagte der Typ von der Jungen Union zum Abschied: »Ich bleib noch und schmeiß mich an ein Mädel ran.« Wieder diese Offenheit, auf einmal fand ich sie brutal. Ausgerechnet CDU!, dachte ich. »Was wollt ihr denn machen?«, fragte ich und merkte schon beim Sprechen, dass es ein Fehler war. »Fummeln.« Im Bus fing ich Streit mit Marcus an. Es ging darum, ob man in Diskotheken geht, um zu tanzen oder um Frauen kennen zu lernen. Heute wäre ich wohl der Meinung von Marcus.

Freiheit. Damit wussten die Westdeutschen umzugehen. Marcus und ich und alle anderen Brüder und Schwestern, die ich schon länger kannte, behandelten sie dagegen mit Vorsicht, wie ein leicht zu beschädigendes Gut. An einem Tag fuhr ich allein durch London, ich sah Big Ben, den grellen Picadilly Circus, die dreckige Holz-U-Bahn. Außer Eddie Murphy im Wachsfigurenkabinett war nichts hier Kulisse, und die Sprache füllte sich mit Leichtigkeit zu einem Leben, das ich in sieben Jahren zwanghaften Russisch-Sprechens nie zu spüren bekam. »Excuse me ...«, sagte ich zu einer älteren Frau in Greenwich und bat sie, ein Foto von mir auf dem Nullmeridian zu machen. Auf dem Bild recke ich mich stolz in die Höhe, den Anorak lässig geöffnet. Mit einem Bein stehe ich auf der westlichen Erdhälfte. Angekommen.

Während meiner England-Reise musste ich oft an Ricardo denken. Er hatte das ja alles schon erlebt, 1988, als er mit seinen Eltern aus der DDR ausreiste. Mein Fußballkumpel hatte ein Jahr Vorsprung. Er kannte sich aus bei den Fahrscheinautomaten, er kannte sich aus in Sachen Offenheit, er hatte schon mal auf Mallorca Urlaub gemacht. Wir sahen uns nach dem Mauerfall wieder, er war gerade mit seinen Eltern auf Berlin-Besuch. Ich stand mit einer Packung seiner Lieblings-Negerküsse aus Pankow, die er jetzt Schaumküsse nannte, vor seinem Hotelzimmer. Dann zogen wir um die Häuser, er erzählte von westlichen Durchgangscamps, die sich von den östlichen Ferienlagern nur durch das Fehlen des Morgenappells unterschieden hätten, und von einer monatelangen Ämter-Odyssee, bis die Familie endlich eine Sozialwohnung am Rand von Frankfurt am Main zugewiesen bekam.

Während unsere Mütter längst panisch miteinander telefonierten, weil wir noch nicht von unserem Nachtausflug zurückgekommen waren, kehrten wir in eine Eckkneipe ein, in der ich den Westen erneut anders kennen lernen sollte, als ich ihn erwartet hatte. Als wir die Tür öffneten, ging der Wirt mit letzten Wischbewegungen über die Schultheiss-Theke und pfiff einen Country-Song. »Kommt ruhig rein«, sagte er und blinzelte uns unter seinem schief aufgesetzten Strohhut zu. Nachdem er uns klirrenden Schrittes – an seiner Jeans hingen silberne Schellen – das erste Bier gebracht hatte und ich noch fasziniert bemerkte, dass es hier Bierdeckel verschiedener Sorten im Überfluss gab, sogar welche aus Amerika, schloss er die Tür von innen ab. »Na, Jungs!« Der singende klingende Wirt leckte mit der Zunge lüstern über seine Lippen, kein Zweifel, er wollte kein Geld von uns. »Wir müssen abhauen«, sagte Ricardo. Diesmal fand ich offene Worte angebracht; auch ich sah, dass wir in eine Falle geraten waren. Wir schlüpften ins Billardzimmer, der Cowboy schlich uns bleckenden Zahnes nach. »Oh, wir haben unser Bier vergessen«, schrie Ricardo, nun musste es schnell gehen, wir liefen los, rum um den Tisch, der Cowboy hinterher, Billardtür zu, auf der Theke lag der Schlüssel, der Mann brüllte, wir stürmten raus, wetzten durch den Neuschnee um die Ecke, noch eine weiter, noch eine, und keuchender Jubel. Ricardo kannte sich aus im Abhauen.

Der ungeteilten Freiheit eigene Grenzen zu setzen, ja, überhaupt zu bestimmen, was man nicht haben und wo man nicht mitmachen wollte, musste ich erst lernen. Meinen Eltern fiel das erstaunlicherweise nicht schwer. Sie waren zwar nicht so dogmatisch wie der Vater von Ilonka, der seine Tochter beim ersten Besuch in Westberlin (er legte Wert darauf, keinen Bindestrich zu machen, weil er Westberlin als eigene Stadt betrachtete, nicht als Teil einer Stadt) statt zum schillernden Kurfürstendamm in das matt glänzende Rotlichtviertel am Stuttgarter Platz brachte, um ihr zur Abschreckung Prostitution, Armut und Obdachlosigkeit im Kapitalismus vorzuführen. Aber auch bei meinen Eltern gesellte sich Skepsis zur Euphorie. Ich wollte mein Westgeld möglichst schnell ausgeben, ein Walkman musste her, eine rote Jeansjacke und eines der Parfüms, bei denen Frauen in der Werbung sich mit geschlossenen Augen an Männer ranschmissen. Meine Mutter dagegen fragte jedes Mal, wenn einer der unzählbaren unerfüllbaren Träume in Erfüllung gehen sollte: »Weißt Du eigentlich, wie viel das kostet?« Ich zuckte die Achseln. Sie wusste es immer.

Im Haus des Reisens am Alexanderplatz unterhielt sich ihr Kollektiv, das sich jetzt als Team bezeichnete, nur noch über zwei Themen: Schnäppchen und Stichtage. Zunächst war eine Frist für neue Ausweise zu beachten, eine für neue Autokennzeichen und eine für den Austritt aus der Kirche, in die Millionen Atheisten per Verwaltungsakt eingemeindet worden waren. An Stichtagen war es in den Behörden kurz noch einmal wie früher – man stand dumm rum und meckerte. »Komisch«, sagte mein Vater zu mir, als wir wieder stundenlang auf dem Bürgersteig auf einen Stempel warteten. »Für die Wessis ändert sich gar nichts.«

Erhöhte Wachsamkeit war in den Monaten des permanenten Wandels eine Tugend. Meine Mutter und mein Vater trieben diese Eigenschaft, die sie sich bereits im sozialistischen Privatleben antrainiert hatten, zu neuer Perfektion. Auf den Girokonten der Opas, Onkels und Kinder transferierten sie das Geld so lange hin und her, bis bei der Währungsunion der optimale Umtauschkurs zu Buche schlug. Sie nutzten das Chaos auf dem Wohnungsmarkt, um der Familie eine größere Bleibe zu ertauschen – ein Vorhaben, das in der DDR über viele Jahre hinweg gescheitert war. Die neuen Wände strichen sie mit Ostfarbe, die irgendwo zu Schleuderpreisen zu haben war. Es gab Momente, in denen ich befürchtete, meine Alten würden ihre Vernunft nie wieder loskriegen. Ich beruhigte mich erst, als sie einen neuen Kronleuchter aus ihrem Urlaub in Bayern mitbrachten.

Manchmal kamen im Fernsehen Berichte, über die sich die Familie gemeinsam aufregte, sozusagen im Team. Anfangs drehten sie sich um Privilegien der Partei in der Bonzensiedlung Wandlitz oder um Umweltsünden, die mit Jahrzehnten Verspätung von einstigen Hofberichterstattern öffentlich gemacht wurden. Später ärgerten wir uns über Straßenumfragen im »Rias TV«, bei denen West-Berliner (ich fand schnell Gefallen am Bindestrich) erzählten, sie seien noch nicht in den Osten zu Besuch gefahren und hätten das trotz offener

Grenzen auch nicht vor. Obwohl das mit uns rein gar nichts zu tun hatte, fühlten wir uns persönlich herabgewürdigt. Bangend verfolgten wir die letzte nächtliche Verhandlungsrunde vor der Wiedervereinigung, in der DDR-Ministerpräsident Lothar de Maizière immerhin den ostdeutschen Abtreibungs-Paragrafen und die Schaffung einer Behörde für Stasi-Akten durchsetzte. Das Bundesinnenministerium von Wolfgang Schäuble hatte die Papiere am liebsten verschwinden lassen wollen. An jenem 3. Oktober 1990, der wegen des vier Tage später drohenden 41. Jahrestages der DDR eilig als Vollzugstermin für den Beitritt festgesetzt worden war, zogen Schäuble, Kohl und all die anderen vor dem Reichstag die deutsche Fahne hoch, sangen die Nationalhymne und wurden dabei fast von umherfliegenden Feuerwerksraketen getroffen. Wir gönnten uns vor dem Fernseher eine Portion deutsch-deutscher Schadenfreude. Dazu gab es Rotkäppchen-Sekt und Wodka Gorbatschow.

Einigkeit und Recht und Freiheit. Das war eigentlich nicht meins. Die Hymne der Deutschen Demokratischen Republik mochte ich lieber. Sie hatte einen Text, so wundervoll und verheißend, dass die SED das Mitsingen lange vor meiner Geburt verboten hatte: »Auferstanden aus Ruinen / und der Zukunft zugewandt / Lass uns dir zum Guten dienen / Deutschland einig Vaterland.« Für den Umbruch 1989 fand ich diese Zeilen genauso passend wie für den Neuanfang 1945. Johannes R. Becher hatte einst die Verse ersonnen – ein Dichter, den wir als Pioniere zu verehren hatten, weil er einst Stalin verehrt hatte. Meine Schule trug seinen Namen, am Eingang stand Bechers Kopf in Bronze auf einem Sockel.

Zum ersten Mal durften wir die Hymne im Biologie-Unterricht singen. In Leipzig brachten die Menschen montags das Regime ins Wanken, und dienstags und donnerstags lehrte uns meine Biologie-Lehrerin Frau Burkert die Demokratie. Sie war im »Neuen Forum«, der von der SED als »staatsfeindlich« eingestuften Demokratiebewegung, und sie sagte vor jeder Stunde: »Ich möchte Euch zum Frieden erziehen.« Das Einzige, was ihr Unterricht noch mit Biologie zu tun hatte, waren die selbst gepflückten Blumen auf dem Lehrertisch. Sie redete anders als die anderen: leise, aber unvorsichtig. Sie fragte, wer an Weihnachten in die Kirche gehen wolle. Sie las Böll vor, Stefan Heym, Christa Wolf – Bücher, die es in keinem Laden gab. Und – das gehörte allerdings zu ihrem Beruf – sie erzählte uns, wie Sex funktioniert. Wir waren der erste Jahrgang, der Kondome über Bananen ziehen durfte. Nach dem Klingeln aß jeder seine Banane auf.

Frau Burkert sitzt im Sekretariat und schenkt Tee aus. Sie ist inzwischen Direktorin der Schule, die längst nicht mehr den Namen Johannes R. Bechers trägt. Am Eingang fehlt der Bronzekopf, »der ist leider geklaut worden«, berichtet Frau Burkert. Sie hat einen Blumentopf auf den Sockel gestellt. In ihrem Sekretariat reichen manche Pflanzen bis an die Decke. Das Grün immerhin ist geblieben von ihrer Arbeit als Bio-Lehrerin.

Sie ist noch politisch aktiv, wie damals sitzt sie im Friedenskreis Pankow, wo sie einst demokratisches Diskutieren übten und heute mühsam eine Sache suchen, für die sie sich gemeinsam begeistern können. »Jetzt steht immer auf der Tagesordnung: Wir über uns«, bedauert sie und streicht verlegen die Haare aus dem Gesicht. Ein Gegner lässt sich schwerer ausmachen als früher, die Ruhebedürftigkeit hat zugenommen. Klar, wenn die Rechten vor einen linken Jugendklub ziehen, stellt sich Frau Burkert demonstrativ davor. Aber die schleichenden Veränderungen in der Gesellschaft, die in jedem Kaufhaus sichtbare Ostalgie, die in jeder Schulstunde zu beklagende lasche Sitzhaltung der Kinder, kann sie mit solchen Mitteln nicht aufhalten. Manchmal denkt sogar Frau Burkert mit etwas Wehmut zurück. »In meiner Jugend konnte man schon mit einer Levis-Jeans provozieren«, erzählt sie mit ihrer leisen Stimme. Als ihr die Lehrer vorschreiben wollten, das Etikett abzutrennen, zog sie einfach lange Pullover an. Die mag sie heute noch. Mit Dingen aus dem Westen zeigte sie sanft ihren Widerstand. In den vielen Jahren, in denen es keine Bananen gab, ließ Frau Burkert die Schüler Kondome über aufstellbare Zahnpastatuben ziehen. West-Berliner Bekannte schickten ihr regelmäßig Nachschub.

Es klingelt. Frau Burkert reicht mir die Hand. Sie muss in den Unterricht. Sie muss kleine Kinder davon überzeugen, dass bunte Fernsehbilder nicht alles sind auf dieser Welt, dass körperliche Bewegung auch Freude machen kann, dass Selbstbewusstsein nichts mit Markenklamotten zu tun hat. Sie hat sich und ihren Kollegen drei Unterrichtsziele gesetzt: Selbstkompetenz, Sachkompetenz, Sozialkompetenz. »Damit haben wir genug zu tun«, sagt Frau Burkert. Es klingt fast so aussichtslos wie ihre einstige Hoffnung, die SED niederzuringen. Doch sie versucht es wieder und wieder, selbst wenn sie den Gegner mittlerweile nur schwer ausmachen kann.

Die Hofpause geht zu Ende. Die Schüler stürmen die Treppen hoch, so selbstvergessen wie wir damals. Ich gehe ein paar Schritte durch meine alte Schule, die längst eine neue ist: Die Wände sind hell gestrichen, es riecht nicht mehr nach Bohnerwachs und zerkochten Kartoffeln, in der Turnhalle wurden die Kletterstangen abmontiert. Nur die alten Sportpokale stehen in einer Vitrine in der Ecke. »Da sind nicht mehr viele dazugekommen«, bedauert der Sportlehrer. Die Wandzeitung, an die Ilonka einst den Aufruf »Für unser Land« pinnte, hat keine Funktion mehr. Sie ist leer, selbst die Stecknadeln fehlen. Natürlich ist das alles richtig so. Mich schmerzt es trotzdem. Ich verlasse die Mendel-Grundschule durch den Ausgang, der früher nur für Lehrer und den Kohlen schippenden Hausmeister vorgesehen war.

Das Wort Wahnsinn ist verschwunden. Und die Gefühle des Umbruchs, die Lust, das Auskosten der Freiheit, die Angst, sie brechen nicht mehr offen zutage. Wie viele andere bin ich nüchterner geworden. Bei Ricardo ging dieser Prozess schneller vonstatten, bei Ilonka langsamer. Meine Eltern dagegen haben mitten im verrücktesten Zeitentaumel um die Bewahrung ihrer Nüchternheit gekämpft und sich Wünsche nur mit Bedacht erfüllt – weil sie sich verantwortlich fühlten in jenen Tagen, in denen die Verantwortung auf der Straße lag und in denen so viel Richtiges und so viel Falsches möglich war. Nur in seltenen Momenten gaben sich auch meine Mutter und mein Vater ohne Bedenken dem Rausch hin. Nüchtern betrachtet ist heute Dankbarkeit für ihre Besonnenheit angebracht. Doch wenn ich durch mein Fotoalbum blättere, ist mir das Bild unserer mit Geldscheinen spielenden Familie eines der wertvollsten.

3.

Fernweh nach der Heimat.
Eine gewendete Generation

Eben war ich noch Olympiasieger, jetzt bin ich tot. Mein Leben als DDR-Bürger und Spitzensportler – vorbei. So schreibt es die Spielkarte vor, die ich gerade gezogen habe. Am Küchentisch meiner sanierten Altbauwohnung sitzen meine besten Freunde und schauen mich teils bedauernd, teils schadenfroh an. »Vielleicht hast Du zu viel trainiert, weil Du wieder zu ehrgeizig warst«, spottet Ilonka und feuert eine ihrer Lachsalven ab. »Oder Du hast zu viele Pillen geschluckt«, sagt Ricardo, er drückt seinen trainierten Körper durch, dass die Gelenke leise knacken. »Bestimmt hast Du nur Pech gehabt«, tröstet mich Flavia, Ricardos Freundin, die heute Abend mit von der Partie ist. Ihr Lipgloss glänzt unter meiner Küchenlampe, und ihre Spielfigur hat bislang ebenfalls einen glamourösen Auftritt. Sie darf weiter vorrücken beim Brettspiel »Überholen ohne einzuholen«, einer ostdeutschen Variante vom »Spiel des Lebens«. In der Brett-DDR geht es darum, aus den wenigen Möglichkeiten, sich durchzuschlagen, die beste herauszuschlawinern. Man kann einen geraden Weg wählen und als Abschnittsbevollmächtigter das Neubauviertel in Ordnung halten, man kann auch mit harter Arbeit und der Hilfe einiger Beziehungen ein Haus am Ostseestrand errichten. Das Spiel endet nicht mit der Wende, sondern mit dem Tod. Dann wird abgerechnet, nach Geld, Kindern und Orden.

Draußen dämmert es schon, ich werfe meine Figur um, gieße Wodka in mein Wasserglas und schaue auf das Leben zurück, das ich in der gespielten DDR hinter mich gebracht habe. In der Schule bin ich nicht aufgefallen, danach Jugendweihe, höchste Schwimmstufe, im Jugendklub die erste Freundin, mit der Heirat ging es schnell. Ein kurzes angepasstes Glück, das ich mir gut ausmalen kann: in Trainingslagern Liegestütze auf und nieder, Kletterstangen rauf und runter, schließlich die olympische Eröffnungsfeier, umjubelt von Zehntausenden als sozialistischer Botschafter im Trainingsanzug. »Wäre es mir wirklich so ergangen?«, frage ich halblaut in die Runde. Meine Freunde ignorieren den Einwurf. Sie wollen weiterspielen, nicht ernst sein müssen. Außerdem wissen sie genau, dass ich nie Leistungssportler geworden wäre. An der Johannes-R.-Becher-Oberschule sahen sie mich beim 60-Meter-Lauf auf dem Schotterplatz mit letzter Kraft um eine Drei rennen.

Es geht mir gerade wie damals im Sportunterricht, nachdem ich beim Hochsprung schon früh ausgeschieden war: Ich sitze in einer Ecke, sehe den anderen beim Gewinnen zu und schweife im Kopf ab. Auch jetzt blicke ich teilnahmslos zu den Figuren meiner drei Mitspieler, die etwa gleichauf liegen. Während sie um den Sieg in einer virtuellen Planwirtschaft ringen, nehmen mich wieder diese Gedanken gefangen: Was wäre aus uns geworden im Sozialismus? Wäre ich in die Partei eingetreten, um Karriere zu machen? Hätte ich jemanden verraten können? Mitmachen oder nicht, Angebote des Staates ausschlagen oder nicht, die Meinung sagen oder die Lippen zusammenbeißen – das waren damals die Fragen meiner Eltern am Küchentisch. Selbst wenn wir schwiegen beim Abendbrot, waren die Entscheidungen stets gegenwärtig. Schon die Frage, ob wir zum Republik-Geburtstag die Fahne mit Hammer und Zirkel im Ährenkranz aus dem Fenster hängen sollen, erschien von weit reichender Symbolik. Als ich einmal aus der Schule kleine DDR-Papierfähnchen mitbrachte, um unseren Küchentisch zu schmücken, warf sie meine Mutter kurzerhand in den Müll. In der Schule erzählte ich den Lehrern am nächsten Tag, dass ich die Flaggen aufgestellt hätte. In der Pause prahlte ich in der Klasse, dass wir sie weggeworfen hätten. Der Schwindel flog nie auf. Aber ich war ja ein Kind, musste mich noch nicht bekennen. Ich sang beim Pioniernachmittag »Sag mir, wo du stehst und welchen Weg du gehst«, ohne meinen Weg zu verraten. Was aber hätte ich getan, wenn es ernst geworden wäre? Obwohl es die Partei, die immer Recht hat, längst nicht mehr gibt und jene Nachbarn aus meinem Leben verschwunden sind, die es von einer fehlenden Fahne im Fenster abhängig machten, ob sie freundlich oder verächtlich grüßten (manche so, manche so), obwohl all das wie ein Schwarz-Weiß-Film wirkt und die DDR nur noch als Spiel funktioniert, werde ich eine Frage nicht los: Wie hätte ich wohl meine eigene Wohnung zum Republik-Geburtstag gestaltet?

Ich betrachte meine Freunde. Mir gegenüber sitzt Ilonka, sie prustet wieder los, weil sie im Spiel einen sowjetischen Offizier heiraten soll. Ilonka hat immer gelacht, wenn es um Gefühle ging, das hatte sie mir voraus. Als wir uns vor den Pioniernachmittagen gegenseitig das Halstuch banden, schrieb sie mit roter Lehrerkreide das Wort »Liebe« an die Tafel und sah mich herausfordernd an. Ihr Lachen schallte durch den leeren Klassenraum. Betreten blickte ich auf den Linoleumboden – so lange, bis jemand hereinkam und sie schnell zum Schwamm griff. Ilonka schaut jetzt herüber zu mir, ein wenig scheu, ein wenig spöttisch, so wie damals, als sie zwei Schulbänke von mir entfernt saß. Egal, was ich versuchte in unserer Jugend, dieses kleine Stückchen Distanz, das sie zu mir hielt, konnte ich nie überwinden. Und egal, auf welche Art ich heute mit ihr umzugehen versuche, das kleine »Was wäre gewesen, wenn?« verblasst nicht in mir.

Ich versuche, meine Gedanken auf ein Thema umzulenken, bei dem ich zur Abwechslung mal über sie spotten kann. Ilonka ist bestimmt so zurückgeblieben, die Linkspartei zu wählen, flüstere ich mir ein. Wenn ich zur Linkspartei PDS sage oder SED/PDS, um sie zu provozieren, rollt sie gelangweilt mit den Augen. Ilonka hat mal gesagt, Aufarbeitung sei für sie das »Scheißwort des Jahrtausends«. So derb drückt sie sich sonst nicht aus. Sie möchte eben, dass die Zeiten nicht zu hart werden, sie pustet so lange auf Wunden, bis sie verheilen. Warum noch über Dinge reden, deren Schmerz jederzeit aufbrechen könnte? Sie wird wohl immer eine Träumerin bleiben, sage ich mir. Sie wird das Spiel »Überholen ohne einzuholen« sicher nicht gewinnen.

Kann man das Träumen verlernen? Gehört das Fach Realismus zum Lehrplan »Gesamtdeutsch werden«? Wenn ich heute Filme sehe, die in Farbe von der DDR handeln – Good bye Lenin, Der rote Kakadu, Das Leben der Anderen –, betrachte ich Figuren, die in ihrer Nische versuchen, Leidenschaften auszuleben. Sie spielen Platten mit verbotener Musik, bis die Volkspolizei kommt, sie zeigen bedingungslose Zuneigung zu Fremden im Kinderferienlager, sie stöhnen laut beim Sex, obwohl sie ahnen, dass die Stasi mithört. Und irgendwann begehren sie auf, um ihren Träumen die Grenzen zu nehmen. Dann entscheidet sich ihr Leben.

Ilonka und ich und all die anderen, die die Wende überstanden haben, ohne einen solchen Aufstand wagen zu müssen, wir waren schon lange nicht mehr bei einer Demonstration. Irgendwann, vor zehn Jahren muss das gewesen sein, ging es gegen Studiengebühren. Und in einem fernen Winter tropfte uns Kerzenwachs auf die zittrigen Hände, als die Neonazis aus dem öffentlichen Raum vertrieben werden sollten. Man könnte die Sache negativ sehen und denken, der Um- und Abbruch habe uns desillusioniert, wir seien abgestumpft durch Werbewelt und Shoppingstress. Man kann die Sache aber auch ganz einfach deuten: Den meisten geht es gut. Aufbegehren? Danke, nicht nötig.

Die gefühlten 30-Jährigen aus dem Osten kommen in ihrer großen Mehrheit zurecht in Deutschland einig Vaterland. Natürlich musste jeder erst sein Glück suchen, selten lag es vor der eigenen Haustür. Meine Schulfreunde haben sich verstreut, einige hat es zum Bodensee gezogen, nach Hamburg oder eben nach Frankfurt am Main wie Ricardo. Manche mussten nur um die Ecke biegen, nach Leipzig – der Stadt, die fast als einzige im Osten auch Geschichten von der Zukunft erzählt. Als wir vor kurzem ein Klassentreffen organisierten, lag ein Buch bereit, in dem jeder seine Adresse und einen Spruch hinterlassen sollte. Eine schrieb hinein: »Ich bin seit Jahren nur am Feiern«, ein anderer: »Alles ist schön.« Trügt dieser Schein?

Ilonka gießt sich triumphierend einen Schluck Wodka ein, ihre Spielfigur auf dem DDR-Brett setzt sich gerade von den anderen ab. Im echten Leben kommt sie bedächtiger voran. Meine Schulfreundin ist in Berlin geblieben und hat ein ordentliches Auskommen als Physiotherapeutin gefunden. »Wir sehen uns. Noch auf ewig in dieser Stadt« – das war ihr Spruch für unser Klassentreffen-Buch. Mit dieser Stadt meint sie natürlich nicht das ganze Berlin, in einen Westbezirk würde Ilonka nicht mal ziehen, wenn sie einen

Freund am Ku'damm hätte – aber das scheint mir sowieso ausgeschlossen. Zuletzt hat sie mir erzählt, sie habe auf ihrer Krankenstation einen Arzthelfer namens Ingo kennen gelernt, einen bodenständigen Jungen mit großem Herzen. Ich habe ihn noch nicht zu Gesicht bekommen, aber er soll ein stiller Mecklenburger sein, der nach einer Nachtschicht noch einen Frühdienst dranhängte, nur um gemeinsam mit Ilonka einen Kaffee trinken zu können. Das hat sie gerührt. Seitdem kommt es mir so vor, als ob sich die Zukunftsträume meiner Schulfreundin gänzlich auf private Dinge verlagert haben, anderen Visionen hängt sie lediglich noch bei unseren regelmäßigen Kneipendiskussionen nach.

Neulich brachte Ilonka mir aus dem Krankenhaus eine Grafik des Paritätischen Wohlfahrtsverbandes mit. Dort war auf einer Deutschlandkarte der Anteil von Kindern dargestellt, deren Eltern erwerbslos sind. Gelb markierte Flächen wiesen Gebiete aus, in denen der Anteil unter zehn Prozent liegt, hellrote zeigten 10 bis 20 Prozent, dunkelrote einen noch höheren Anteil. Ich betrachtete die Karte. Der Süden Deutschlands war gelb markiert, der Westen hellrot, der Osten – abgesehen vom Berliner Speckgürtel – komplett dunkelrot. Auch die Gegend an der Mecklenburger Seenplatte, aus der der Kaffeefreund Ingo stammen soll, wies viel zu viele arbeitslose Eltern auf. Ilonka hielt mir die Grafik mit Wut in ihren blauen Augen unter die Nase und forderte mit flammender Stimme mehr staatliches Verantwortungsgefühl: »Ich kenne keine Firma, die Müttern eine faire Chance gibt. Die müssen dazu gezwungen werden.« Außerdem brauche es eine garantierte Kinderbetreuung auch nach Unterrichtsschluss: »Es ist doch egal, ob das Hort heißt oder Ganztagsschule.« Kurz gesagt entwarf sie das Modell eines Staates, der Erziehung organisiert. Meinen Einwand, zu viel

Staat sei vielleicht auch nicht gut, beantwortete sie mit einem harten, funkelnden Blick. Eine kleine heile Welt würde Ilonka sicher glücklich machen, die Möglichkeiten dazu wären in einem kleinen halben Land womöglich größer gewesen als in der grenzenlos globalisierten Wirklichkeit. Ich behielt das aber lieber für mich.

Ein Satz, den Ilonka lange für sich behalten hat, lautet: »Die DDR hat es schlecht gemacht, aber die Idee war gut.« In letzter Zeit spricht sie ihn wieder öfter aus, und zwar nicht nur, weil sie ihn schon oft von ihrem einstmals systemtreuen Papa gehört hat. Sie macht sich ehrliche soziale Sorgen. Wenn man den Umfragen verschiedener Institute glauben darf, würde etwa die Hälfte der jungen Menschen in Ostdeutschland Ilonkas Satz unterschreiben. Frauen übrigens öfter als Männer.

Die Angst, die sie mit ihren Eltern zu Wendezeiten geteilt haben, ist in den Hintergrund getreten, ganz verschwunden ist sie nicht. Arbeitslosigkeit ist ein Wort, das umso öfter von ostdeutschen Jugendlichen benutzt wird, je weiter entfernt sie von den wenigen Kernen des Wachstums leben. Die Hierbleiber auf den Dörfern in der Altmark oder im Elbsandsteingebirge kämpfen sich zwar resolut durch die Arbeits- und Konsumgesellschaft, nicht wenige gründen eigene Firmen. Aber zum Feiern zumute ist in den ländlichen Abwanderungsgebieten den jungen Menschen nur, wenn sie sich in den umgebauten Jugendklubs oder den verspiegelten Großraumdiskos an den Autobahnabfahrten treffen. Sich von der Depression der Heimat abzukoppeln gelingt schon besser in der Ferne.

Mein Skatkumpel Marcus, mit dem ich die erste Sprachreise nach England unternahm, arbeitet heute in Argentinien als Hotelangestellter und Übersetzer. Er hat zwischendurch seine Arbeit verloren, geblieben ist er trotzdem. »Hier gibt es viele Frauen, die es oft wollen«, teilte er mir einmal per E-Mail mit. Später hat er allerdings eingeräumt, dass die meisten von ihnen einen Silikonbusen hätten. Seine Eltern wollten ihn davon abhalten, sein Glück in so weiter Ferne zu suchen, sie haben es ihm nicht offen gesagt, aber immer, wenn er sie in ihrem alten Zuhause besuchte und von den weiten Stränden seiner neuen Umgebung erzählte, schwiegen sie. Nach vier Jahren besuchten sie ihn doch, viele seiner Freunde waren schon vorher da gewesen. Hinterher mailte mir Marcus: »Am letzten Abend stand ich mit meinem Vater an einer Strandbar, wir sahen den Schiffen hinterher, da sagte er zu mir: Junge, was Du hier machst, hätte ich früher auch gerne getan.« Marcus ist erleichtert, seine Freiheit gefunden zu haben. Wirklich glücklich macht ihn indes, kein schlechtes Gewissen mehr haben zu müssen, wenn er auf Heimaturlaub geht.

Freiheit auszuleben ist keine Kunst mehr, es ist Alltag geworden. Äußerlich sind die jungen Menschen längst in der neuen Zeit angekommen, und abgesehen von sozialem Unbehagen fühlen sich die meisten wohl. Drei Jahre Armeedienst, eine als Arbeiterschließfach verspottete Kleinwohnung im Neubaugebiet und eine Zukunft im Schwermaschinenkombinat? Unvorstellbar. Diejenigen, die wie Ilonka und ich in Berlin geblieben sind, wohnen vorzugsweise in Altbauten mit Dielen und Stuck, natürlich in der sanierten Stadtmitte mit ihren Wireless-Lan-Cafés und Fußball-Bundesliga-Kneipen. Wer in westdeutsche Städte gezogen ist, lebt in Zweiraum-(noch immer nicht Zweizimmer-)Wohnungen, oft sind die Altneubauküchen mit Laminat ausgelegt, in den Bädern hängen von Halogenstrahlern beleuchtete Landschaftsbilder aus Brandenburg. In ostdeutschen

Städten haben sich einige in alten Ein- oder Zweifamilien-Häusern am Stadtrand eingerichtet. Die Tische und Stühle sind meist von Ikea oder Möbel Höffner, selten vom Trödler, niemals vom Designer. Hauptsache praktisch. Viele haben Grünpflanzen, wenige Blumen – wie ihre Eltern.

Nicht weniger selbstverständlich als ihre westdeutschen Altersgenossen kommunizieren sie per Tastendruck und Funksignal, nicht weniger selten gehen sie am Wochenende aus, oft zum Trinken, seltener zum Essen. Viele haben einen Laptop, fast alle ein Auto, sie shoppen und sie reisen gern. Die Verortung im Osten (»Es ist dreiviertel acht.«) widerspricht dem Leben und der Kommunikation nach Art des Westens nicht mehr, beides wurde miteinander versöhnt (»Es ist dreiviertel acht – also Viertel vor acht, verstehst Du?«). Ich habe irgendwie Verständnis dafür, dass alte Leute eine DDR-Ausstellung in den »Schönhauser Allee Arcaden« bewundern, gehe dann aber doch lieber in die Geschäfte mit den richtigen Waren.

Das Spiel »Überholen ohne einzuholen« – ein Spruch, den Walter Ulbricht prägte, als er den Westen wirtschaftlich zu übertrumpfen suchte – ist Ausdruck dieses Wossi-Wohlgefühls. Es bestätigt eine Assimilation in der neuen Gesellschaft mit einem augenzwinkernden Blick zurück. Ob Ricardos West-Freundin Flavia, die hier tapfer mitspielt, aber all diese Verwicklungen aus Andeutungen von Ricardo entziffern muss, sich da hineindenken kann? Ich schaue auf das DDR-Spielbrett. Flavia hat eine Parteikarriere gewählt, womöglich hat sie gedacht, damit kommt man im Osten am weitesten. Doch sie fällt zurück. Eine Spielkarte, die Parteimitgliedern vorbehalten ist, schreibt ihr vor, zwei Runden auszusetzen – wegen Depressionen.

Ein Zuhause haben sich die jungen Ostdeutschen eingerichtet, eine neue Heimat haben sie aber nicht gefunden. Sie haben sie gar nicht erst gesucht. Der Bundesrepublik, die ihnen nicht viel mehr und nicht viel weniger abverlangt als den eigenen Existenzkampf, fühlen sie sich nur halb zugehörig. Bei einer Langzeit-Befragung von mehr als 400 ostdeutschen Jugendlichen (ihr heutiges Durchschnittsalter beträgt 33 Jahre) durch den Leipziger Soziologen Peter Förster kommt seit dem Umbruch Jahr für Jahr das gleiche Ergebnis zustande: Etwa 80 Prozent fühlen sich als Bundesbürger. Wenn sie aber gefragt werden, ob sie sich auch als DDR-Bürger fühlen, bejahen das ebenfalls rund 80 Prozent. Das neue Land ist für die große Mehrheit der Ankömmlinge nur eine Hülse, in der sie ihr Leben ausgestalten, so wie sie schon die DDR als Hülse kennen gelernt haben. An die Veränderungsmacht eines Staates und seiner Institutionen glaubt nach dem erlebten Crash kaum jemand. Der Renten-Gau wird kommen, das weiß jeder, doch es regt höchstens die Jusos auf. Und wer macht schon bei den Jusos mit, was bringt organisierte Politik überhaupt? Rede-, Presse- und Wahlfreiheit: schön und gut und wichtig. Aber nützt sie etwas, wenn der Staat keine Arbeit schaffen kann und die Wirtschaft keine schaffen will? Im Gefühl des Ankommens der jungen Ostdeutschen steckt immer die Frage, ob das mit dem Kapitalismus wirklich gut gehen kann, ob die Warnungen vor den zügellosen Imperialisten aus dem Staatsbürgerkunde-Unterricht nicht einen wahren Kern hatten, ob an den Meckereien der Eltern (»Es wird mal wieder Zeit für einen Regimewechsel!«) nicht doch etwas dran ist.

Wohl auch deshalb verfolgen jüngere Ostdeutsche die Selbstvergewisserungs-Debatten der BRD, wie viele die Bundesrepublik weiterhin nennen, ohne Emotionen. Der

Kampf der 68er und ihrer geistigen Nachfolger für Gutmenschentum und politische Hygiene lässt viele mit den Schultern zucken. Leitkultur-Diskussion, Grass und die Zwiebel, Streit um die Laufzeit von Atomkraftwerken – in ostdeutschen Zeitungen landen diese »weichen Themen« vorzugsweise in unauffälligen Einspaltern. Im Zweifel schlägt das Thema Arbeit alle anderen, da unterscheiden sich die jungen Ostdeutschen nicht von der älteren Generation. Der Streik der IG Metall für eine 35-Stunden-Woche ist im Westen beschlossen worden und im Osten zusammengebrochen – den Betroffenen war mehr Maloche lieber als gar keine. Dresden hat als erste Stadt alle kommunalen Wohnungen an einen privaten Investor verkauft und sich damit auf einen Schlag entschuldet – Proteste gegen den Abbau sozialen Wohnraums gab es in der Stadt nicht, sogar die PDS (Entschuldigung, die Linkspartei) machte bereitwillig mit. Nur einige westdeutsche Verbandsvertreter empörten sich. Im Wahlkampf in Sachsen-Anhalt im Frühjahr 2006 warnten die Grünen großflächig vor einer »schwarz-roten Gen-Republik«. Am Ende kam die Partei auf vier Prozent. Thema verfehlt.

Öffentliche Diskussionen, die sich aus der DDR-Vergangenheit und dem Wende-Wahnsinn ableiten lassen, werden dagegen im Osten ungleich stärker wahrgenommen als im Westen – auch von jenen, die weit weggegangen sind. Wenn es um staatliche Kinderbetreuung und kollektive Erziehungsstandards geht, um die Kürzungen von Leistungen für Arbeitslose und Rentner, um Stasi-Trainer in der deutschen Olympiamannschaft, sogar um die Markenrechte am grünen Ampelpfeil, dann regen sich meine Freunde am Telefon gerne mit mir auf. Selbst wenn sie gerade in Argentinien sind.

»Das Stückchen Erde, auf dem ein Mensch geboren wird, wo er aufwächst und sein Heim steht, nennt er seine Heimat. Meist findet er sie schön. Und in der Ferne sehnt er sich nach ihr – Heimweh. Doch die Heimat wird nicht unbedingt auch als Vaterland empfunden. Vaterland ist die Heimat eigentlich nur dort, wo der Mensch sich sozial geborgen weiß, wo er lernen kann, wo er Arbeit und Brot erhält, wo er als gleichberechtigter Bürger an den Belangen der Gesellschaft und des Staates mitzuwirken vermag, wo er glücklich lebt. In diesem Sinn ist uns die Deutsche Demokratische Republik nicht nur Heimat, sondern auch sozialistisches Vaterland.« So sollte es sein, so war es festgeschrieben im Buch »Vom Sinn unseres Lebens«, das alle Mädchen und Jungen zur Jugendweihe überreicht bekamen. Heimat und Vaterland fielen wie selbstverständlich zusammen und mündeten in die Parole »Unsere Heimat DDR«. Nun ist das Vaterland verschwunden. Ein Gefühl von Heimat empfinden die jungen Ostdeutschen dennoch für Fichtelberg und Kap Arkona. Da die DDR, die zu dieser Heimat gehörte, aber nicht mehr existiert, fühlt sich das Heimweh heute etwas unwirklich, unnahbar, ja unernst an. Eher wie Fernweh.

Die Jungen aus dem Osten urlauben weiterhin lieber an der Ostsee als an der Nordsee – denn in der kleinen Kneipe auf dem Darß sind die Spuren des untergegangenen Vaterlandes noch auf der Speisekarte oder als Wandrelief zu bewundern. Es sind Relikte eines Staates, den man als Kind selbst erlebt hat und der deshalb lange nach seinem Ableben noch etwas Wärme ausstrahlt. Natürlich muss im Einkaufskorb im Dorfladen auf Hiddensee nicht unbedingt ein Becher Nudossi liegen, Nutella aus dem Glas schmeckt sogar Ilonka gut. Doch von Nutella gibt es keine Geschichte, die ihre Zunge beim Essen erzählen könnte. Spuren von damals haben einen seltenen Wert, der spielerisch behütet wird – damit nicht auch noch das Fernweh nach der Heimat verschwindet.

So paradox es klingt: Viele junge Ostdeutsche sind zukunftsorientiert und nostalgisch zugleich. Noch immer fällt es mir schwer, alte Fußballwimpel des einzigen Europapokalsiegers 1. FC Magdeburg von der Wand zu nehmen, obwohl der Verein in den Niederungen des Amateursports versunken ist und zweifelhafte, meist kahl rasierte Fans um sich schart. Und noch immer sagt Ilonka, wenn sie Freunde in Niedersachsen besucht, auf jeder Rückfahrt kurz hinter dem früheren Grenzübergang Helmstedt mit feierlicher Stimme: »Wir sind wieder da.« Dabei ist sie ja erst in Sachsen-Anhalt angekommen, noch nicht zu Hause in Berlin.

Ricardo ist mit Würfeln dran. Im Spiel »Überholen ohne einzuholen« hat er den Weg des Arbeiters gewählt, der morgens hinterm Kombinatstor und abends in der Laube werkelt, noch hat er Chancen auf den Sieg. Im richtigen Leben schafft er heute als Meister der Elektrotechnik in Frankfurt am Main. Ricardo war immer größer und kerniger als ich, in der Schule beschützte er mich. Dafür ließ ich ihn manchmal abschreiben. Ich habe ihn als guten Fußballer kennen gelernt und als beliebten schlechten Schüler bewundert, der kein Wort zu viel und keinen klaren Satz zu wenig sagt. Doch nachdem seine Eltern einen Ausreiseantrag gestellt hatten, durfte er nicht mehr bei den Klassenfahrten dabei sein. Als er an seinem letzten Schultag zum Abschied Kuchen mitbrachte, stand eine Mitschülerin auf und sagte: »Von Dir will ich keinen Kuchen, Du bist auch so ein kapitalistischer Verräter.« Es war das einzige Mal, dass ich Ricardo weinen sah.

Ricardo wollte kein Verräter sein, auch wenn ihm seine Tante aus Mainz immer Hanuta schickte. Ricardo hatte Asthma. Tag für Tag legten die Kohleheizungen und Zweitaktmotoren eine Rußspur auf seine Lunge. Die Ärzte schickten ihn zur Kur, aber auch im Harz starb der Wald. Im Krankenhaus empfahlen sie ihm Vitamine, doch im Gemüseladen gab es im Januar nur Weißkraut, Rotkraut und Kartoffeln, die schon Blüten hatten. »Wir müssen feststellen, daß sich an unserer Umweltsituation, besonders der Verunreinigung der Luft, in den nächsten Jahren nichts ändern wird, da unserem Staat die finanziellen Mittel dafür fehlen«, schrieb sein Vater an den Rat der Stadt, Abteilung Inneres, zur Begründung des Ausreiseantrags. »Da unsere Verwandtschaft in der BRD lebt, war es meiner Frau möglich, dreimal besuchsweise in die BRD zu reisen. Dort hat sie gesehen, was es heißt, aktive Umweltpolitik zu betreiben. Wer kann es also einer Mutter verdenken, daß sie dort hinziehen will, wo sie denkt, daß es das Beste für ihr Kind ist?« An dieser Argumentation hatten Ricardos Eltern mehrere Wochen gefeilt.

Die Westverwandtschaft wurde ebenfalls aktiv, sie schaltete Politiker und die »Arbeitsgemeinschaft Allergiekrankes Kind« ein. Plötzlich fiel mir auf, dass Ricardo in der Schule noch schlechtere Noten bekam, einmal fragte ihn die Lehrerin: »Warum isst Du in der Pause Hanuta? Das ist auch nicht gesund.« An einem Sommertag in den großen Ferien wollte ich Ricardo zum Fußballspielen abholen. Als ich klingelte, öffnete sein Vater die Tür – im Gesicht eine vor Wut errötete Knollnase. Die Familie hatte am nächsten Tag nach Ungarn fahren wollen, um die Tante aus Mainz zu treffen, die Sachen waren gepackt. Doch als der Vater am Morgen zum Parkplatz gegangen war, erblickte er nur ein Wrack, wo am Vorabend sein grüner Lada gestanden hatte. Kaputtgefahren zum Totalschaden, als einziges Auto auf einem riesigen Parkplatz. Kein Nachbar wollte etwas gesehen haben. Die Werkstatt bot ihm eine Reparatur innerhalb der nächsten drei Jahre an. Einen Herbst und einen Winter und einen Frühling mussten sie noch aushalten, dann gab der Staat seinen Widerstand auf.

Einen Tisch und vier Stühle durften sie mitnehmen, dazu eine Kiste mit 12 Sektgläsern, 10 Sammeltassen, 30 Matchboxautos sowie einen Wäschekorb mit drei Kopfkissen, ein Paar Kinderhausschuhen und 100 Wäscheklammern – alles sorgfältig protokolliert von der Ost-Berliner Umzugsfirma. Im Zug, der die Familie schließlich in den Westen brachte, brüllte ein Soldat: »Wir überqueren die Grenze erst, wenn Sie Ihre letzten 20 DDR-Mark in der Mitropa ausgegeben haben.« Heute sagt Ricardo »drüben«, wenn er den Osten meint. Und seinen Wohnort nennt er Frankfurt, nicht Frankfurt am Main. Hat einer wie er noch Fernweh nach seiner Heimat?

Als ich meinen Freund zuletzt in Frankfurt am Main besuchte, trafen wir uns in seiner Wohnung mit Halogenstrahlern und ostdeutschen Landschaftsbildern. Flavia, deren ausgesuchter Kleider- und Möbelgeschmack mir ins Auge stach, öffnete einen Apfelwein zum Mittagessen. Ricardo zeigte mir die Bettelbriefe und Umzugsprotokolle von einst, er erzählte Geschichten aus einem ostdeutschen Leben, das längst aufgehört hatte, ostdeutsch sein zu wollen. »Das Erste, was ich aus dem Zugfenster vom Westen sah, waren weiße Häuser«, berichtete Ricardo und schloss die Augen, um das Vergangene klarer zu erkennen: die Verwandten, die am Bahnsteig mit Champagner warteten, dann Spielzeug, Spielzeug, Spielzeug und Menschen, Menschen, Menschen. Ihr erster Weg führte die wiedervereinigte Verwandtschaft ins Kaufhaus »Nordwestzentrum«, das bis heute alle Frankfurter nur Nowe nennen (was die Neuen erst später lernen sollten). Auf mehreren Etagen erblickte Ricardo bunt flackernde Bildschirme, Tennisschläger, wie sie Boris Becker benutzte, Spielzeugautos mit Fernbedienung – eine ganze Wand voll. Da rannte Ricardo los, weg von seinen Eltern, weg von den drängelnden Massen, hinaus durch die Drehtür. Er kotzte vor das Nowe.

Mit den Jahren hat Ricardo seine Überforderung besiegt. Inzwischen wohnt er am Frankfurter Stadtrand, denn »im Zentrum gibt es gar nichts außer Geld«, wie er mit Bedacht spottet. Seine Firma beschäftigt zwei Mitarbeiter und einen Lehrling, sie befindet sich gleich um die Ecke. Mit Flavia hat er eine Freundin mit einer ausgefeilten Ironie, sie erzählt Witze wie diesen: »Was ist der Unterschied zwischen einem ostdeutschen Optimisten und einem ostdeutschen Pessimisten? Der Pessimist sagt: Schlimmer kann es nicht mehr kommen. Der Optimist sagt: Doch, doch.« Flavia möchte bald eine größere Wohnung mit Ricardo teilen und sicher mehr als einen Lebensabschnitt; sie sind schon viele Jahre zusammen. Wenn er mit ihr spricht, fällt seine Sprache in den hessischen Akzent. Ricardo spielt in einem Fußballverein, kennt Leute, die nicht nur Kollegen sind. »Manche haben erst sehr spät gemerkt, dass ich aus dem Osten komme«, er hebt feierlich die Augenbrauen. Seine Anpassungsleistung erfüllt ihn mit Stolz. Das Asthma nervt ihn nur noch, wenn im Frühling die Pollen fliegen. Manchmal überkommen ihn Heimatgefühle, »aber das hat eher mit meiner Kindheit zu tun als mit dem Osten«. Als er einmal beim Ossi-Stammtisch vorbeischaute, empfahl man ihm das DDR-Brettspiel. Seitdem geht er öfter hin. Flavia bleibt an diesen Abenden zu Hause.

Männer aus Ostdeutschland haben selten Freundinnen aus dem Westen, Ricardo ist da eine Ausnahme. Dieses seltsame Ergebnis der Vereinigung ist statistisch erwiesen, auch wenn ich einige aufregende Gegenbeispiele kenne. Beim Küssen können Soziologen seit Jahren keine Annäherung über die ehemalige Staatsgrenze hinweg feststellen. Ist meine Chance also selbst in Berlin geringer, eine Freundin aus dem Westen als eine aus dem Osten zu finden? An der Berliner Humboldt-Universität gelangte ich an die Arbeit der Soziologin Wiebke Rösler: »Ost-westdeutsche Partnerwahl – Wanderungen, Vorurteile, Wohlstandsunterschiede.« Die Untersuchung enthält viele lustige Thesen, zum Beispiel diese: »Westmädchen mit Hausfrau-Müttern haben seltener sturmfrei, ostdeutsche Mädchen nehmen deutlich früher die Pille.« Das Charmanteste ist eine kleine Umfrage unter 90 jungen Westmännern, 42 Ostmännern, 90 Westfrauen und 82 Ostfrauen. Das ernüchternde Ergebnis: Westfrauen haben ein vergleichsweise fahles Bild von Ostmännern.

Soziologisch gesehen liegen die Dinge einfach. Frauen aus dem Westen (das kann schon der Südwesten von Berlin sein) beurteilen Männer aus dem Osten vor allem als zuverlässig, kompromissbereit und einfühlsam – Eigenschaften, die man nicht nur von seinem Partner, sondern auch von seiner besten Freundin oder der Mutter erwartet. Wiebke Rösler schreibt dazu süffisant: »Zwar erscheinen diese Merkmale den Westfrauen als wichtig, jedoch machen sie allein einen Mann nicht attraktiv.« Attraktivität definiert sich nach nahezu allen seriösen Erhebungen ziemlich simpel, egal woher die Menschen stammen. Frauen ist demnach generell Status wichtiger, Männern geht es eher um Schönheit. Status im Osten zu erwerben ist allerdings schwierig, dazu bedarf es keiner großen Untersuchungen. Es genügen zwei

Zahlen aus der Zeitung: Nach wie vor verfügen ostdeutsche Haushalte nur über die Hälfte des Geldvermögens westdeutscher Haushalte, nach wie vor beträgt die Arbeitslosenquote durchschnittlich das Doppelte. Der Osten vergeht nicht so schnell. Auch weil das Geld fehlt, um die Herzen im Westen zu erobern.

Die Mauer im Bett – auf diesen platten Slogan mag leider keine der zahlreichen Studien zum Thema Ost-West-Partnerschaften verzichten. Das ist wohl der Eindeutigkeit der Ergebnisse geschuldet. Fakt ist – an dieser Redewendung erkennt man übrigens, ob der Wissenschaftler aus dem Osten stammt –, Fakt ist jedenfalls Folgendes: Von den jungen Menschen gehen heute mehr Frauen in den Westen als Männer. Umgekehrt ziehen vor allem Männer zu. Das führt schon statistisch dazu, dass Ostmänner relativ selten auf Westfrauen treffen. Der Kampf um Anpassung fällt besonders Männern schwer, die im Osten bleiben und womöglich erwerbslos sind. Das macht sie unattraktiv. Ausharren oder abhauen – fast scheint es, als steckten in dieser Frage genauso viele Gefühle wie vor dem Mauerfall.

Zum Glück weiß Ricardo nichts von diesen Erkenntnissen. In meiner Küche blickt er konzentriert auf das Brettspiel, in dem er Ilonka hartnäckig auf den Fersen bleibt. Er würfelt eine Sechs. »Zeit, rüberzumachen«, ruft Ricardo. Sein Lachen bleibt unbeantwortet.

Die Ausreiser und Flüchtlinge, die Verräter – sie haben es oft weiter gebracht als die Daheimgebliebenen. Sie überwanden den Osten aus eigenem Antrieb, vollzogen den Einschnitt ihres Lebens früher. Das gilt sogar für jene, die erst im Sommer 1989 über Ungarn in den Westen rannten. Deren Vorsprung gegenüber den Daheimgebliebenen beträgt nur wenige Wochen. Trotzdem mussten sie sich eher behaupten, umgewöhnen, eingemeinden – und zwar direkt im Westen. Eine uneinholbare Erfahrung.

In seiner ersten West-Klasse wurde Ricardo freundlich aufgenommen. Die Mitschüler begegneten ihm zuvorkommend, wie einem Gast, mit dem man entfernt verwandt ist, aber nichts Näheres zu tun haben möchte. Also tat sich Ricardo mit den anderen Ausreiserkindern zusammen. Die kannten die gleichen Geschichten von Stempelschlangen in den Durchgangscamps, die kannten den gleichen Druck, sich genauso zu verhalten wie alle anderen und dennoch lange am Rand zu bleiben. In einer Geschichtsstunde sollte Ricardo etwas über den Zweiten Weltkrieg und den Widerstand gegen die Nazis erzählen – eines der wenigen Themen, die man einem Ossi zutraute. Also berichtete er von Ernst Thälmann, dem Kommunisten, den alle Teddy nannten und der in der Schule sein Pausenbrot an Ärmere weitergab. »Meine Mitschüler sahen mich an, als käme ich vom Mond«, erinnert sich Ricardo. Niemand hatte von Teddy gehört, dem unumstrittenen Helden der Arbeiterklasse, vor dem Adolf Hitler so viel Angst hatte, dass er persönlich den Befehl gab, ihn im Konzentrationslager zu erschießen und zu verbrennen. Nur der Lehrerin kam der Name bekannt vor, sie dachte eine Minute angestrengt nach und sagte dann, dass Thälmann ein Kommunist war. Kommunist, igitt, rief da ein Mädchen. Solche Erfahrungen haben Ilonka und ich nicht gemacht. Wir blieben ja in unserer alten Klasse.

Inzwischen ist es ein Vorteil für Ricardo, sowohl Thälmann als auch Graf von Stauffenberg zu kennen – da unterscheidet er sich nicht von Ilonka und mir. Der Umstand, dass die Ostdeutschen für alles, das sie zu kennen glaubten, neue Begriffe, Regeln und Herleitungen erlernen mussten, hat sich zunächst als Nachteil für sie herausgestellt. Inzwischen nützt ihnen diese Erfahrung des Umbruchs, denn sie haben nun die Wahl aus zwei gegensätzlichen Geschichtsbildern. Sie können in Sekundenschnelle von einem Bild zum anderen springen, die Unterschiede abwägen und die erlebte Realität daran messen. Egal welche Lebenswege nach der Wende eingeschlagen wurden: Jeder ist in der Lage, das Gestern rasch herbeizuholen.

Über Signalworte wie »Thälmann«, »Freundschaft« oder »Достопримечательность« (russisch für »Sehenswürdigkeit«) lässt sich zwischen allen Ostdeutschen bis heute leicht Einverständnis herstellen. Wenn Ricardo auf einer Party im »Weekend« am Alexanderplatz herumtanzt und beim Warten auf eine musikalische Zugabe in Erfahrung bringen möchte, aus welchem Landesteil die Frau neben ihm kommt, braucht er nur beiläufig ein Wort wie »Zweiraumwohnung« anzubringen und die Reaktion abzuwarten.

Ostalgie ist das nicht, jedenfalls nicht in ihrer Reinform. Mit dem knalligen Trabbi-Kult, den die Werbeindustrie immer wieder um die DDR betreibt, hat die leise Kultivierung der jüngeren Ostdeutschen wenig gemein. Wenn in Prenzlauer Berg in jedem zweiten Möbelladen Schirmlampen und Multifunktionstische made in GDR angeboten werden, zielt das vor allem auf die Zielgruppe zugezogener Westdeutscher, die das Wort »Sättigungsbeilage« zum Schreien schräg findet. Die in Wellen wiederholten Fernsehshows, in denen gealterte Stars von ihren Jugendsünden berichten und Lieder auf Sächsisch darbieten, erreichen höchstens den Folklore-Charakter bayerischer Volksmusik. Das DDR-Bild wird leicht bekömmlich arrangiert und als Markenartikel zum Verkauf angeboten, es wird öffentlich prenzlauerbergisiert. Dabei wird diese Darstellung selbst der angestrengten Ostalgie älterer Ostdeutscher (»Es war doch nicht alles schlecht, nicht wahr?«) nur teilweise gerecht. Ganz und gar nichts zu tun hat sie mit der unernst-ernsten Rückschau der Jüngeren. Die denken überwiegend so wie Ilonka, die einmal beim gemeinsamen Gucken einer DDR-Show schmollte: »Es war nicht alles dazu da, um jetzt Geld damit zu machen.«

Weshalb wird der Osten behütet, obwohl er in der Rückblende für viele Jüngere trashig aussieht? Es ist wohl so: Die eigene Kindheit soll in den Erzählungen keinen Schaden nehmen – ein Selbstbetrug. Viele junge Ostdeutsche sind stolz, von jener Seite zu kommen, die ihnen desto verwunschener erscheint, je länger sie verschwunden ist. Besonders in der Fremde befällt einen ein wohliger Schauer, wenn man Menschen trifft, mit denen man mit Hilfe weniger Worte ein tiefes Gefühl teilen kann – die Erfahrung vom Untergang eines Landes, in dem man selbst gelebt hat. Nicht wenige Westdeutsche beneiden diese geheime Welt und haben das Gefühl, dass ihnen der Zugang zu ihr verwehrt wird.

Die Erfahrung, in kurzer Zeit alle Koordinaten zu verlieren, hilft den jungen Ostdeutschen heute, eine eigene Identität zu pflegen. Wie ihre Eltern bekamen sie es nach dem Anschluss an die Bundesrepublik mit der Angst zu tun, die für den späteren Berufseinstieg geknüpften Beziehungen zum Leiter der Arbeitsgemeinschaft im Pionierhaus erwiesen sich über Nacht als wertlos. Die Unsicherheit des Umbruchs hat die ostdeutsche Jugend in den Folgejahren verbissen bekämpft. Inzwischen sind die Zweifel nahezu besiegt, viele meinen, sich auszukennen im neuen Land – diese Eroberung macht sie stark.

Die gewendete Generation hat auch ältere Erfahrungen auf die neue Seite mitgenommen. Sie kann sich mühelos bei ihnen bedienen, wenn ihr das nützlich erscheint – zum Beispiel bei der in den Kindergärten und Polytechnischen Oberschulen erlernten Disziplin. Laisser-faire war damals nicht geduldet, jeder Buddelkasten war nach Spielschluss ordentlich aufzuräumen, Fleiß war eine Kopfnote auf jedem Zeugnisblatt. An ostdeutschen Universitäten wird noch heute schneller studiert als an westdeutschen, verhältnismäßig viele Erfolgssportler kommen aus dem kleineren Teil des Landes. Diese Ergebnisse gründen sich auf jener Härte und Kontrolle, die schon beim Kastaniensammeln im strömenden Regen trainiert wurde. Inzwischen ist Disziplin wieder gefragt, besonders sich selbst gegenüber.

Zugute kommt den entwachsenen Kindern der DDR auch ihr feinsensorischer Umgang mit anderen Menschen; sie selbst nennen ihn gern »das Sozialding«. Dazu gehört eine doppelte Sprache, die als Kind von der Familie übernommen wurde. Erzähle politische Witze, die du zu Hause gehört hast, nicht im Staatsbürgerkunde-Unterricht, sondern in der Hofpause. Im Staatsbürgerkunde-Unterricht achte darauf, welche weltbewegenden Dinge nur gestreift werden, frage zu Hause danach oder versuche, die Lösung auf anderem Wege herauszufinden. So wirst du von den Pionierleitern nicht beargwöhnt und von deinen Klassenkameraden geachtet. Im heutigen Berufsleben ist der feine Sensor dafür, mit wem man wann was und auf welche Weise bespricht, eine nicht zu unterschätzende Hilfe. Viele junge Ostdeutsche achten bei jedem Gespräch auf die Zwischentöne und haben gelernt, es sich mit niemandem zu verscherzen. Ihr Aufstieg im neuen Gefüge dauert zwar gewöhnlich länger als bei manchem gleichaltrigen Westdeutschen, der schneller sagt, was er will. Aber er gelingt nachhaltig, in behutsamen Schritten.

Was vereint Ilonka, Ricardo und mich? Es ist die Erfahrung, dass ein Leben nicht fest gefügt sein muss, dass Träume nicht umsonst sind. Hoffnung kann sich lohnen, dies ist die wichtigste Lehre aus dem Zusammenbruch der DDR. Die meisten haben nach dem Einheitsschock auf Umwegen eine Arbeit oder wenigstens ein Praktikum bei einem Betrieb gefunden, den sie früher in der Schule kapitalistisch genannt hätten. Heute schätzen sie ihn als wichtigen Teil ihres Lebens – auch wenn er zuweilen weit entfernt von der Heimat liegt. Nun probieren sie dort etwas aufzubauen oder genügend Geld zu verdienen, um einmal erfolgreich nach Hause zurückzukehren. Sie suchen Liebesbeziehungen, die viele Jahre halten sollen, und bekommen Kinder, wenn sie mutig sind. Die meisten meiner Freunde sehnen sich wie Ilonka nach Zusammenhalt in der eingerichteten Gemütlichkeit. Ansonsten leben sie ein Leben, das sich von jungen Westdeutschen äußerlich kaum noch unterscheidet. An diesem Punkt angelangt zu sein, betrachten sie als ihre eigene Leistung.

Durchweg positiv fällt die Bilanz dennoch nicht aus, manche Träume sind nicht in Erfüllung gegangen. Dass das Leben in Freiheit leicht, lässig und luftig ist, hat sich schnell als Blendwerk des Westfernsehens herausgestellt, auf das man seltsamerweise blind vertraut hatte. Spaß macht Demokratie relativ selten, sie kostet Mühe. Im Berufsleben ist rein gar nichts sicher. Gerechtigkeit, Offenheit und Fürsorge bleiben gefährdete Werte, vor allem am wackligen Arbeitsmarkt. Ausruhen darf sich keiner leisten, selbst wenn er es mal nötig hätte. Natürlich wird die Freiheit geliebt und ausgiebig gelebt, sie ist der wichtigste Gewinn im Einheits-Jackpot. Doch die Beliebigkeit der neuen Gesellschaft zu ertragen und mit Sinn zu füllen, fällt nach wie vor schwer.

Wenn es um die gesellschaftlichen Zwischentöne geht, fühlen junge Ostdeutsche eine innere Distanz zu ihren westdeutschen Altersgenossen. Denen fällt das Wegschmeißen nicht schwer, viele flanieren trotz aller Globalisierungskritik ohne einen Hauch Verwunderung durch die überladenen Einkaufspassagen. Für die große Mehrheit der Westdeutschen stellt der Mauerfall eben keine Unterbrechung dar. Ihre Aufmerksamkeit für die andere Seite des Landes reicht oft nur für die Schaufenster der Ostalgie und die Botschaft: wir hatten Kinderschokolade, ihr Bambina, für uns gab es »Wetten, dass ...« und die »Hitparade«, für euch den »Kessel Buntes« aus dem Friedrichstadtpalast. Umbrüche und die Verletzungen, die aus ihnen entstehen, kommen in dieser Generationengleichung kaum vor, nur Accessoires. Nicht wenige junge Leute aus der Bundesrepublik, die ich kenne, waren im Osten bisher höchstens auf der Durchreise nach Berlin. Sie wissen nicht, wie eine ehemalige Bezirksstadt wie Gera aussieht, in der ein Betrieb nach dem anderen zugemacht hat und in der ein Stadtfest lediglich aus ein paar Buden und einer Bühne besteht, auf der ein Spielmannszug das Lied »Go West!« intoniert. Während sich die »Generation Golf« immer noch wortreich und möglichst selbstironisch von ihrer Quarterlife-Crisis erholt und neuerdings von der Rückkehr in die romantische Provinz träumt, wird in Ostdeutschland täglich die Existenzfrage gestellt.

Natürlich sieht es im Ruhrgebiet nicht mehr viel anders aus als in Sachsen-Anhalt. Hier machte die Zeche zu, dort das Kombinat, hier gerät die SPD in Not, weil es keine Arbeiter mehr gibt, dort sammeln Linkspartei und NPD die

Stimmen der Frustrierten auf. Zuweilen ist sogar die Infrastruktur in Niedersachsen maroder als in Thüringen, das sich mit Hilfe von Aufbau-Ost-Mitteln mit modernen Glasfasernetzen und Niederflurstraßenbahnen beglücken durfte. Doch die sanierte Trostlosigkeit hat ein anderes, bedrückendes Gesicht: In die renovierten Kulissenstädte Zittau und Schwerin verirren sich kaum Gäste, die Einheimischen tragen halbleere Stoffbeutel durch die Einkaufscenter, öffentliche Kultur wird kaum geboten. In den Kleinstädten in Mecklenburg und Sachsen ist in nahezu jedem Gespräch zu spüren, dass die Zuversicht der Tanten, Onkels und Omas unwiederbringlich abhanden gekommen ist. Äußerlich mag es dort so aussehen wie in Duisburg nach dem Kohlekompromiss, doch innerlich sind die Menschen mit einer weitaus größeren Bürde belastet: der ostdeutschen Ur-Angst, nicht gut genug für das Land zu sein. Diese Angst wird von den Älteren an die Jüngeren weitergegeben und erfasst deshalb selbst diejenigen, die längst im Westen wohnen – spätestens wenn die Eltern zu Besuch auf der Ikea-Couch sitzen.

Das Damals bleibt im Heute – nicht nur, wenn ich mich frage, wie ich wohl meine eigene Wohnung am Republik-Geburtstag ausgestaltet hätte. Auch jetzt, da ich in meiner Küche sitze und in die Spielrunde meiner Freunde schaue, fallen mir Fragen ein, die ich mir ohne die Ost-West-Lebensrallye nicht stellen würde: Weshalb träumt Ilonka immer noch vom Sozialismus? Warum will sie nicht einsehen, dass die DDR am System gescheitert ist, nicht an der Umsetzung? Oder Ricardo: Ist er heute noch so mutig wie es seine Eltern damals waren? Hat er sich nicht längst eingerichtet in seiner deutsch-deutschen Verwandlungsgeschichte? Und was ist mit mir: Habe ich mir früher die DDR zu schlecht geredet? Male ich sie mir heute zu schön?

Ich schaue hinaus. Die ersten Sonnenstrahlen erklimmen die schimmernden Dachziegel an der Schönhauser Allee. Auf dem Spielbrett versucht Ricardo in der letzten Würfelrunde, Ilonka doch noch zu überholen. Flavia ist ausgeschieden, sie macht sich an der Espressomaschine zu schaffen. »Wie lange wollt ihr Ossis eigentlich noch das Gestern nachspielen?«, fragt sie. Eine erschreckte Pause entsteht, die erst endet, als eine U-Bahn übers nahe Viadukt donnert. Ich denke an meine Eltern. Sie schlafen. Für sie war die DDR kein Spiel.

4.

Gemeinsam in der Nische.
Familie vor dem Umbruch

Ich wurde auf einem Ecksofa gezeugt. Das hat mir meine Mutter verraten.

Bis zu dieser Neuigkeit wusste ich lediglich, dass sich meine Eltern in der Sowjetunion kennen gelernt haben. Meine Mutter, junge Kellnerin im Erzgebirge, hatte die Hochzeitsfeiern einiger Parteibonzen organisiert und war dafür zu einer Rundreise delegiert worden. Mein Vater hatte die Fahrt beim Jugendtourist-Büro beantragt und überraschend unbürokratisch bewilligt bekommen – nach seiner Ausbildung zum Vermesser diente er gerade für drei Jahre bei der Bereitschaftspolizei. Beide nahmen Super-8-Filmkameras mit, mein Vater eine zum Aufziehen, meine Mutter eine mit Batterien. Die Kamera meiner Mutter war regelmäßig kaputt, bei kühler Witterung oder Nebel fielen die Batterien aus. Mein Vater reparierte sie regelmäßig. Einige Monate nach der Reise besuchte mein Vater meine Mutter in ihrem Heimatstädtchen Wolkenstein, sie wanderten durch die Nadelwälder des Erzgebirges und sahen sich ihre Urlaubsfilme an. Dabei stellten sie fest, dass sie nicht nur Kiewer Kathedralen und die Maiparade in Moskau aufgenommen hatten, sondern auch sich selbst – jeder den anderen. Bei Ruth, der Schwester meiner Mutter, stand ein Ecksofa im Zimmer. Nach der Hochzeit und meiner Geburt zog meine Mutter zu meinem Vater nach Berlin.

Die Geschichte meiner Zeugung habe ich auf Geheiß von Flavia erforscht. Als sie sich nach unserem DDR-Spieleabend mit Ricardo an der Hand verabschiedete, hinterließ sie mir die Frage: »Wie ging eigentlich Dein richtiges Leben los?« Flavia erhoffte sich wohl die Auskunft, dass ihr Ursprungsort – die Rückbank eines VW Käfer mit bayerischem Kennzeichen – an Originalität nicht zu überbieten ist. Ich traute mich zunächst nicht, eine solch intime Frage an meine Mutter weiterzureichen. Doch sie gab mir amüsiert Auskunft und erzählte die Geschichte ihrer großen Liebe, für die sie alle schwungvoll gescheitelten Ledermäntelträger, die sie mit Mopeds umknatterten, in ihrer erzgebirgischen Heimat zurückgelassen hat.

Milan Kundera hat in seinem Buch von der unerträglichen Leichtigkeit des Seins errechnet, dass es mindestens sechs Zufälle braucht, um sich zu verlieben. Einer dieser Zufälle muss gewesen sein, dass meine Eltern beide in der DDR wohnten. Sie hatten sich das nicht ausgesucht. Als sie gezeugt wurden, war Walter Ulbricht bereits Chef der Sozialistischen Einheitspartei Deutschlands und selbst ernannter »Baumeister des Sozialismus«. In ihren ersten Schuljahren war Berlin zwar noch eine offene Stadt; mein Vater schmökerte in den Abenteuern von »Sheriff Teddy«, ein Junge, der sich als kleiner Cowboyheld sowohl in Pankow und als auch am Weddinger Gesundbrunnen herumtrieb. Doch kaum besaß mein Vater ein Fahrrad und wäre in der Lage gewesen, selbst einmal zu den bunten Geschäften und Kinos in den Westsektoren aufzubrechen, da verkündete Ulbricht, dass niemand die Absicht habe, eine Mauer zu errichten – und veranlasste kurz darauf genau das. 155 Kilometer Beton schlossen vom 13. August 1961 an West-Berlin ein und die DDR-Bürger vom Westen aus. Über die Zahl der Toten an der innerdeutschen Grenze ist sich die Wissenschaft bis heute uneins – die Untersuchungen sprechen von 600 bis 1000 Menschen, davon etwa 200 in Berlin.

Ich habe die Mauer schon als kleines Kind gesehen. Als ich drei wurde, bekam unsere Familie am Nord-Ost-Berliner Stadtrand einen Garten zugewiesen – genau genommen war es ein Stück abgeerntetes Kornfeld an der Grenze zum Märkischen Viertel, einem futuristischen Neubaugebiet in Nord-West-Berlin. Die ersten Bilder, an die ich mich erinnere, zeigen eine Schlammwüste ohne Bäume und Sträucher, die an einem grauen Steinwall endet, dahinter ragen rote und blaue Hochhäuser hervor. 212 Schrebergärten sollten auf dem Brachland entstehen, so hatte es die DDR-Regierung in ihrem Programm »Hunderttausend neue Kleingärten« festgelegt. Um das Gelände zu erschließen, musste jedes Mitglied der neu gegründeten »Kleingartensparte Rosenthal-Süd« 400 Mark zahlen und 150 Stunden Gemeinschaftsarbeit leisten. Oft war ich dabei, wenn an den Wochenenden die Grundstücke vermessen, Wasserleitungen verlegt und Fundamente ausgegossen wurden. Für uns Kinder wurde es besonders aufregend, wenn die Erwachsenen eine Handgranate aus dem Zweiten Weltkrieg ausgruben oder wenn die Lauben aus Pressholz nach einem Herbststurm schief standen und von neuem errichtet werden mussten. Manchmal, wenn ein Richtfest gefeiert wurde, gingen auch in den Hochhäusern die Fenster auf. Fremde blickten auf uns herab. Nur die Grenzposten, die in tarnfarben angemalten und zu Volksarmee-Cabrios umgebauten Trabants an der Mauer hin- und herfuhren, taten in jeder Situation teilnahmslos. Einmal brachten zwei Soldaten meine Schwester mit dem Tarntrabbi zu unserer Laube zurück. Sie hatte mit ihrer Spielzeugschaufel ein Alarmkabel ausgegraben. Ab jetzt durfte meine

Schwester nicht mehr an der Mauer spielen, obwohl dort so feiner Sand wie am Meer lag. Erst viel später wurde mir klar, warum das so war. An der Staatsgrenze sollten keine Grünpflanzen wachsen.

Die Erholung am Mauerstreifen hatte Vorteile. Es war schön ruhig. Beim Weggehen musste niemand die Lauben abschließen, Diebe brachen vorsichtshalber woanders ein. Nach einigen Jahren waren die Obstbäume so hoch gewachsen, dass man die Grenze nicht mehr sah, wenn man in der von Knöterich überwucherten Schattenecke unseres Gartens saß. Im Spätsommer verschwanden die Wachtürme hinter reifen Äpfeln und Pfirsichen. Die Häuser des Märkischen Viertels waren allerdings zu mächtig, um sie jemals verschwinden zu lassen. Hubschrauber, die über die Gartenanlage hinwegflogen, erinnerten uns regelmäßig daran, dass wir uns am Ende einer Welthälfte befanden. Tagsüber trug Wind aus westlicher Richtung das Plantschen eines Freibads herüber, nachts bellten Wachhunde. Hinter dem Horizont ging's weiter. So sang es Udo Lindenberg aus dem Kofferradio, das am Kirschbaum hing.

Alljährlicher Höhepunkt der Kleingartengemütlichkeit war das Pfingstkonzert im Spartenheim. Im Juni 1987 spielte dort eine mit Federhüten geschmückte Blaskapelle namens »Oderländer Musikanten« zum Frühschoppen auf. Als ein Flugzeug, das offenbar auf seinem Weg zum West-Berliner Flughafen Tegel etwas vom Kurs abgekommen war, über uns hinwegschwebte, zeigte der Sänger in die Höhe und rief: »Flieg weiter! Hier ist nicht der Rote Platz!« Meine Eltern konnten sich kaum halten vor Lachen – die besten Witze in der DDR hatten eben einen ernsten Hintersinn. Wenige Tage zuvor war der 19 Jahre junge Hobbypilot Mathias Rust mit einer Cessna ungehindert von Hamburg nach Moskau geflogen und dort mitten im Stadtzentrum gelandet. Es war ein Flug des Wahnwitzes über alle Grenzen hinweg, der auch uns darauf stieß, wie schizophren unsere Erholung im Grünen eigentlich war – den Rücken entspannt an eine Betongrenze gelehnt, die laut Ulbrichts Nachfolger Erich Honecker »noch in 50 und auch noch in 100 Jahren« Bestand haben sollte. Die Hochhäuser, die nur ein paar Meter entfernt und doch für niemanden erreichbar waren, zeigten uns Wochenende für Wochenende, dass etwas Unnormales immer normaler zu werden schien. Aber niemals vollkommen normal werden konnte.

Günter Gaus hat in seinem Buch »Wo Deutschland liegt« die DDR als Nischengesellschaft beschrieben – voller liebenswerter Bürger mit großer Schnauze am Arbeitsplatz und kleinem Glück auf der Datsche. Der ständige Vertreter der Bundesrepublik in der DDR, der nach eigenen Worten von 1974 bis 1981 »auf Posten« war, um »Erleichterungen für Land und Leute« zu erreichen, handelte 17 Abkommen mit Honeckers Regierung aus. Er bemühte sich um kürzere Transportwege von West nach Ost sowie längere Besuchszeiten für Brüder und Schwestern. Gaus, der 2004 verstorben ist, wurde nach dem Umbruch der Kameraderie mit der SED-Führung gezogen. Bürgerrechtler hielten ihm vor, die Opfer der diktatorischen Enge ignoriert zu haben. Es war eine bittere Erkenntnis für den Chefunterhändler außer Diensten, aber sie stimmte. Wenn ich heute auf meine Kindheit und frühe Jugend – mehr habe ich in der DDR ja nicht erlebt – zurückschaue, leuchtet mir die These von der Nischengesellschaft durchaus ein. Als Kind war ich ständig auf der Suche nach Lücken, in denen man sich ungestört austoben konnte. Unsere Heimat DDR hatte dafür Markierungen gesetzt, die nicht immer so offensichtlich wie die Staatsgrenze waren und die sich manchmal verschieben ließen. Das Einrichten in den Nischen ging lange gut. Allerdings nur so lange – und diesen wichtigen Punkt hat Honeckers Jagdgefährte Gaus übersehen –, bis einem die Nischen zu eng wurden.

Dem Suchen von Lücken ging das Aufspüren der unsichtbaren Grenzen voraus. Dafür war es wichtig, die Sprache der Eltern und Lehrer zu verstehen. Schon der brave Schüler Ottokar, einer meiner Kinderbuchhelden, hatte gewusst: »Manchmal haben wir es schwer mit den Erwachsenen. Sie sagen schwarz und denken in Wirklichkeit weiß, und wir Kinder müssen herausbekommen, was sie denken.« Auch ich stellte mir die Frage: Was bedeuten die Gespräche der Leute auf der Straße? Wenn Staatsgäste zu Erich Honeckers Gästehaus im nahen Park fuhren und unsere Klasse mit Winkelementen den mit Gardinen ausgestatteten Limousinen zujubelte, standen an den Ecken auffällig viele Männer in hellen Anoraks, die unauffällig das »Neue Deutschland« lasen. »Horch und Guck sind auch da«, flüsterte eine Frau, die neben unserer Klasse stand, ihrem Mann zu. Was war »Horch und Guck«? Später in einer Schlange beim Anstehen nach grünen Orangen aus Kuba, die meine Eltern zum Reifen erst mal zwei Wochen in ihren Bettkasten steckten, schnappte ich die Lösung auf. »Der Kommissar am Kulturhaus ist bei Horch und Guck«, raunte da einer. Den Kommissar kannte ich, das war ein Kriminalpolizist, der gegenüber dem Kreiskulturhaus wohnte und mich stets freundlich grüßte. Meine Eltern schärften mir aber ein, dass ich mich mit dem Kommissar nicht abgeben solle, denn der sei bestimmt bei der Stasi. Bei jedem Dialog konnte man etwas lernen.

Die Suche von Lücken in der Sprache war anstrengend und aufregend zugleich. Ich benötigte mehrere Tage, um ein Hinweisschild unseres Fleischers zu verstehen. Er hatte sein Geschäft geschlossen und an den Rollläden den Zettel hinterlassen: »Sind umgezogen – nach gegenüber.« Auf der anderen Straßenseite fand sich jedoch kein Fleischgeschäft, auch nicht in den Parallelstraßen. Erst nach langem Grübeln ging mir auf, dass unser Fleischer in den Westen übergesiedelt sein musste. Gegenüber hieß drüben.

Was war da drüben? Ein weiteres, ein großes Rätsel. In meinem Schulatlas waren die Hochhäuser neben unserem Kleingarten nicht eingezeichnet. In der Mitte der DDR-Karte gab es eine große graue Stelle, die rot umrandet war. Auf ihr standen die Buchstaben WB. In Westberlin war demnach nichts, einzig die Flüsse flossen ohne Unterbrechung durch. Im Staatsbürgerkunde-Unterricht – von den Lehrern Stabü, von den Schülern Stasi-Unterricht genannt – wurden die beiden Systeme Sozialismus und Imperialismus an die zwei Hälften der Tafel geschrieben; auf der einen Seite standen Vorteile wie Wohnungsbau und Volkseigentum, auf der anderen nur Nachteile wie Kinderarmut und Ausbeutung. In unserem Geschichtsraum hatten Schüler bei einem – selbstverständlich absolut freiwilligen – Subbotnik-Einsatz die Entwicklung der Menschheit an eine Wand gemalt. Es ging los mit den Jägern und Sammlern in ihren Höhlen über den Feudalismus mit Feldern und Sklaven, den Kapitalismus und seinen rauchenden Schloten hin zum Imperialismus mit armen Arbeitslosen und dem Sozialismus mit lachenden Kindern. Am Ende der Zeitachse war der Kommunismus zu sehen, symbolisiert durch eine in den Weltraum startende rote Rakete. Die Entwicklung der Menschheit lief demnach darauf hinaus, dass alle irgendwann mit roten Raketen ins Weltall fliegen. Offenbar waren die Menschen im Imperialismus noch lange nicht so weit. Die DDR hatte es schon fast geschafft, denn laut SED-Beschluss war sie im »entwickelten Sozialismus« angekommen.

Bis alle Deutschen endlich Kommunisten sind, musste das Leben zwei Seiten haben und das Land zwei Länder sein. So reimte ich mir das damals zusammen. Im Staatsbürgerkunde-Buch war über die Hochhäuser im Westen zu lesen: »Könnt ihr euch vorstellen, daß eure Eltern für eine Vierraumwohnung in einem Berliner Hochhaus, das mit allem Komfort ausgerüstet ist, plötzlich 600 oder 800 Mark Miete bezahlen sollen? Keine Angst, sie müssen es nicht, aber sie müssen es nur im Sozialismus nicht. Hier zahlen sie weiterhin 150 oder 200 Mark Miete, meist noch viel weniger.«

Der Westen war eine Leerstelle meiner Kindheit, die ich mit aufgeschnappten Informationen auszufüllen suchte. Manches war mir vertraut – wie das Plantschen des Freibads, das in keiner Karte verzeichnet war. Andererseits waren Dinge, die man sehen konnte, offiziell gar nicht vorhanden. Nachdem ich zum zwölften Geburtstag einen Beirette-Fotoapparat geschenkt bekam, bei dem man den Film mit einer schnappenden Kurbel transportierte, schoss ich Bilder von unserer Kleingartenanlage und auch welche von der Mauer. Als ich sie aus dem Laden abholte, waren alle Fotos entwickelt – nur die von der Mauer nicht. Danach probierte es meine Tante Ruth, die gerade aus dem Erzgebirge zu Besuch war, mit ihrem Apparat. Das Ergebnis fiel genauso aus. Irgendwer musste also seine Zeit damit zubringen, sich Privatfotos anzusehen und unliebsame auszusortieren. Wo saß dieser Mann? Im Fotoladen?

Im Westfernsehen war das Geheime dagegen ständig Thema. Andauernd kamen Meldungen, dass wieder jemand versucht habe, durch die Ostsee zu schwimmen oder mit einer Leiter über die dreieinhalb Meter hohe Mauer zu klettern. Ich konnte mir beides nicht vorstellen, zumal hinter der ersten Mauer, die man nicht fotografieren durfte, noch eine zweite, gänzlich unsichtbare stehen sollte. In unserer Kleingartenanlage an der Grenze hörte ich nie einen Schuss. Als ein Onkel zu den Grenztruppen ging, sprach er nicht darüber, was er dort tat. Ich weiß nur, dass er seinen Schäferhund Dux mitnehmen wollte. Doch der starb, kurz bevor Herrchen auf die Wacht ging. Wenn ich meinen Onkel heute auf seinen Grenzdienst anspreche, erzählt er das Drama, wie Dux an einem Knochen erstickt ist.

Lücken in der Sprache gibt es in Ostdeutschland bis heute, und sie haben mit einem Schweigen von früher zu tun. Welche Meldungen verlas die sexy-seriöse Sprecherin Angelika Unterlauf in der »Aktuellen Kamera«, wie anders wurde in der westlichen »Tagesschau« über dieselben Dinge berichtet? Was kam wo wie zur Sprache? Gab es Zwischentöne? Beim Zeitunglesen interessierten sich meine Eltern, die das SED-Bezirksblatt »Berliner Zeitung« abonniert hatten, vor allem für versteckte Fünfzeiler, in denen Provokationen feindlicher Kräfte zurückgewiesen wurden. Etwas schien daran wichtig zu sein, denn manchmal sprachen sie leise über die Provokateure, die Schriftsteller waren und die wie wir in Pankow wohnten. Beim gemeinsamen Abendbrot verloren sie kein Wort darüber. Sie wussten, dass in der Schule die Lehrer bei politischen Diskussionen fragten: »Was sagen denn Deine Eltern dazu?«

Schweigen, um keinen Schaden anzurichten – das lernte ich schnell. Im Klassenbuch waren neben den Namen der Schüler und ihren Noten auch die Arbeitsstellen der Eltern notiert. Hinter einigen Namen stand in roten Buchstaben »SED«. Nachdem ich das bei einem unbeobachteten Pausenblick ins Klassenbuch erkundet hatte (bei uns waren nur drei Väter und zwei Mütter in der Partei), wusste ich, mit welchen Erwachsenen ich auf Klassenfahrten nicht über meine Lieblingsserien »McGyver« und »Ein Colt für alle Fälle« reden durfte.

Wie lernt man, offensichtliche Dinge höchstens anzudeuten? Anregungen dazu fanden sich in den Kinderbüchern, zum Beispiel in den Erzählungen von Alfons Zitterbacke, dem von jedem Schüler gelesenen Tagebuch eines Jungen, der Sommersprossen im Gesicht und immerzu Pech im Leben hatte. In der Geschichte »Als ich ein falscher Betrunkener war« schrieb Alfons: »Ich weiß was, rief ich, ratet mal, was wir spielen. Feuerwehr?, fragte Bruno. Ich lachte bloß. Arzt und Kranker? Verstecken? Eisenbahn? Grenzpolizei? Nein, keiner kam darauf. Wir spielen Restaurant, sagte ich, nachher sind wir betrunken.« Alles lustige Spiele. Aber wie spielt man eigentlich Grenzpolizei? Ist einer der bewaffnete Soldat, während der andere versucht zu fliehen? Und wann hat wer gewonnen? Das frage ich mich heute, während ich das Buch noch einmal lese und die zerblätterten, an den Rändern angerissenen Seiten vorsichtig umschlage, weil sich der Kleber des DDR-Kinderbuchverlages langsam auflöst.

Damals teilte ich mit Alfons Zitterbacke viele Träume – von Motocrossrennen, der Weltraumfliegerei, von der Armee. Unsere Soldaten beeindruckten mich ähnlich stark wie Alfons, der mit seiner Pioniergruppe die Luftstreitkräfte besuchte und staunend berichtete: »Wir durften sogar in ein Flugzeug klettern. Ein Offizier erzählte uns, was man alles lernen und üben muss, ehe man Flieger wird.« Mir fällt ein, dass ich schon im Kindergarten nicht nur Blumen und den Palast der Republik malte, sondern auch einen Soldaten mit einem Gewehr in der Hand. Später sah ich mir oft die Wachablösung der Volksarmisten an, die jeden Nachmittag im Stechschritt Unter den Linden paradierten und danach stundenlang reglos vor dem »Mahnmal für die Opfer des Faschismus und Militarismus« (heute die »Neue Wache«) standen. Sie zuckten nicht mit den Wimpern, selbst wenn man sie an ihren grüngrauen Ärmeln zog. Im Sportunterricht warfen wir mit dem Speer, der Kugel und der F1. Die hatte die Form einer Handgranate, einzig der Zünder fehlte. Bei einem Wandertag in eine Kaserne durften wir dann endlich mit echten Gewehren auf Zielscheiben schießen. Beim Abdrücken zischte die Kugel aus dem Lauf – ein aufregendes Geräusch.

Die größte Gefahr war der bevorstehende Atombombenangriff der Imperialisten. Im Unterricht wurde uns gesagt, wie wir uns in diesem Fall zu verhalten hätten. Auf dem Nachhauseweg diskutierte ich mit Ricardo, ob es ausreichen würde, sich mit Gasmasken unter den Schulbänken zu verstecken. Wir machten Halt und malten die Erdteile in den Sand am Wegesrand. Ricardo zerbrach einen Ast in zwei Teile. »Der eine Stock hier ist die Atomrakete aus den USA«, sagte er und hielt seine Rakete hoch, »der andere da ist aus der Sowjetunion«, er legte die zweite Rakete in meine Hand. Wir schoben unsere Stöcke aufeinander zu. »Bestimmt stoßen sie in der Mitte zusammen«, sagte ich, »dann fallen die Bomben runter.« Unsere Stöcke krachten gegeneinander. Die Mitte war genau dort, wo wir die DDR eingezeichnet hatten. Uns wurde mulmig. Wir verwischten die Spuren des Dritten Weltkriegs im Sand und rannten um die Wette nach Hause.

Mit Kriegsspielzeug durfte ich nicht hantieren, meine Mutter wollte das nicht. Also verlegte ich mich darauf, nach Hortschluss Indianerspiele mitzumachen und mir für Blutsfreundschaften mit kleinen Old Shatterhands die Arme aufzuritzen. Unsere Waffen waren freilich nur Äste und Steine, mit denen wir aufeinander eindroschen. Ich schloss mich ständig wechselnden Cliquen an, die sich in verzweigten Abwassertunneln mit Taschenmessern auflauerten. In den sommerlichen Ferienlagern wurden stets einige Jungs und Mädchen als Lagerluschen auserkoren. Die mussten nach dem Morgenappell für die anderen die Schuhe putzen und danach den Pioniergruß »Immer bereit!« rufen. Taten sie das nicht, drohte ihnen eine Kopfnuss oder eine Maulschelle. Damit ich nicht zu den armen Auserwählten gehörte, versuchte ich schon auf der Busfahrt, mich bei den Stärkeren beliebt zu machen – mit Trafen-sich-einmal-Reagan-Gorbatschow-und-Honecker-Witzen, die ich bei meiner Verwandtschaft im Erzgebirge gehört hatte. Meine Schwester wollte nach ihrem ersten Ferienlager nicht wieder hinfahren. Warum sie lieber vormittags im Schulhort Perlen auf Kettchen fädelte als durch den Thüringer Wald zu wandern, hat sie mir nie erzählt. »An das Ferienlager denke ich nicht gerne zurück«, sagt sie heute noch. Die kleine Gewalt gehörte zur Kindheit in der DDR – wie sie wahrscheinlich zu jeder Kindheit gehört. Das Seltsame ist, dass der Drill vergessen wird, wenn Ostdeutsche, egal ob jung oder alt, von ihrer unbeschwerten Jugend schwärmen.

Auch ich denke gerne zurück. Mir gefiel es in den Ferienlagern, weil ich mich austoben konnte, weil ich von den anderen beim Neptunfest zum Tanzkönig gewählt wurde und mich auf einer Nachtwanderung in eine Nancy verliebte. Das wenige Offizielle war hier als Abenteuer verpackt: die Tischtennisturniere, die Expeditionen mit dem Kompass, sogar die Appelle. Auf einem Schwarz-Weiß-Foto sitzt unsere Gruppe winkend auf der Treppe einer Holzbaracke.

Unsere Pionierhalstücher flattern im Sommerwind. So stellte sich der Staat fröhliche Ferien vor. Es waren fröhliche Ferien.

Der Kriminologe Christian Pfeiffer hat die These aufgestellt, dass die DDR-Kinder zum Gruppenzwang erzogen wurden, weil sich schon die Kleinsten in der Kinderkrippe gemeinsam nebeneinander auf die Pullertöpfe setzen mussten. Pfeiffer, Chef des Kriminologischen Forschungsinstituts Niedersachsen, erkannte darin eine mangelnde Erziehung zur Selbständigkeit und erklärte dies 1999 zur Ursache für Rechtsradikalismus und Fremdenhass. Bei einer Diskussion in der Magdeburger Paulskirche sagte er über die jungen Ostdeutschen: »Die DDR-Kinder-Erziehung war keine gute Vorbereitung auf das, was plötzlich über sie gekommen ist. Die Kinder sind auf diese Welt, die von ihnen individuelle Power verlangt, Wettbewerbsfähigkeit, Show in gewissem Sinne, nicht gut vorbereitet gewesen. Das löst Verunsicherung aus und bewirkt auch, dass man zu Gruppen tendiert. Warum haben die rechtsradikalen Gruppen hier so großen Zulauf? Weil die jungen Menschen sich geborgen fühlen in Gruppen, stärker als das im Westen der Fall ist.« Pfeiffer erntete in der Paulskirche und in der gesamten ostdeutschen Öffentlichkeit, die bei Aufreger-Themen noch immer als eigenständige Öffentlichkeit funktioniert, einen Sturm der Entrüstung. Die ehemaligen Kinder der DDR und ihre Erziehungsberechtigten wehrten sich mit ihren Erinnerungen. Ein etwa 25 Jahre alter Diskussionsteilnehmer sagte unter dem Applaus hunderter Zuhörer zu Pfeiffer: »Vielleicht haben Sie schon mal etwas von Pioniernachmittagen gehört, die in unserer ehemaligen DDR abgehalten wurden. Gruppennachmittage haben einfach Gemeinschaft vermittelt, die heute nicht mehr da ist. Die neue Gesellschaft erzieht nicht Individualisten, sondern Egoisten.« Meine Eltern schlugen damals zu Hause vor dem Fernseher ebenfalls die Hände über dem Kopf zusammen. Mein Vater beklagte, dass ausgerechnet wieder ein Westdeutscher den Ostdeutschen erklären müsse, wie sie gelebt und was sie falsch gemacht hätten. Ich sagte gar nichts dazu, weil ich mir die vielen Neonazis zwischen Rostock und Dresden auch nicht bloß mit der Arbeitslosigkeit der Nach-Wende-Zeit erklären mochte. Dennoch gelangte ich zu der Ansicht, dass mir das gemeinschaftliche Topfsitzen nicht geschadet hat. Zum Rechtsradikalen war ich schließlich nicht geworden. Wenn ich allerdings meine gemalten Volksarmisten sehe und die Kinderbücher durchblättere, erscheint mir meine Erziehung in der DDR gesteuerter und zwanghafter, als ich mir das lange Zeit eingestehen wollte.

Einmal wurde ich zu einer einmonatigen Kur geschickt, weil ich zu klein und zu dünn war. Auf dem Vorbereitungszettel für das Kinderkurheim in der Uckermark stand: »Bringe den guten Willen mit, Dich in einer großen Kindergemeinschaft zu erholen, und sage bitte Deinen Eltern, daß sie während Deines Kuraufenthalts nicht mit Dir telefonieren können.« Beim Durchwühlen alter Kisten habe ich die Briefe gefunden, die mir meine Eltern damals ins Kurheim »Frohe Zukunft« geschickt haben. Vier Wochen lang, fast täglich: »Ich freue mich, wenn Du wieder bei uns bist. Lange dauert es ja nicht mehr. Viele Küßchen sendet Dir Mutti.«

Ich verbrachte viel Zeit ohne meine Eltern. Ich bastelte Weltraumwerkzeuge, die bei der »Messe der Meister von morgen« ausgestellt wurden, arbeitete in der Arbeitsgemeinschaft Junge Reporter mit, rechnete bei der Mathe-Olympiade, sammelte mit Ricardo Altstoffe, schleppte bei der

Timurhilfe Kohlen für eine Oma aus der Nachbarschaft und organisierte einen Solidaritätsbasar »Hände weg von Nikaragua« im Pionierhaus. Ich war Mitglied der Jungen Pioniere, der Thälmann-Pioniere, der Freien Deutschen Jugend und der Gesellschaft für deutsch-sowjetische Freundschaft. In meiner Funktion als »Agitator« schnitt ich zu Hause Zeitungsartikel aus und diskutierte mit der Klasse darüber. In Staatsbürgerkunde bekam ich in der siebten Klasse die Note Eins, in der achten eine Zwei. Ich erhielt auch viele Auszeichnungen: das Thälmann-Abzeichen, den Roten Stern sowie diverse Belobigungen vor dem Schulkollektiv. Noch heute liegen die Ehrungen in meinem Schreibtisch in einer Mappe aus Pappe. Einzig der Rote Stern fehlt; er wurde mir noch am Tag der Verleihung während des Sportunterrichts aus meinem Turnbeutel geklaut.

Als Berufswunsch gab ich einmal an: Erich Honecker. Seine geschwungene Hornbrille gefiel mir, sein Kampf für den Frieden, dass er Patenschaften für Drillinge übernahm. Wo der »Vorsitzende des Staatsrates der Deutschen Demokratischen Republik und Generalsekretär des Zentralkomitees der Sozialistischen Einheitspartei Deutschlands« hinkam, schmückten sich alle, tanzten, sangen und lachten. Fast hätte der Staat den Kampf um mich gewonnen. Heute sagt meine Mutter: »Wir hatten manchmal Angst, Dich zu verlieren.«

Meine Eltern erzogen mich nicht sozialistisch, nicht kirchlich oder oppositionell, nicht westlich orientiert. Sie versuchten einen eigenen Weg zwischen all dem und übertrugen mir, damit ich nicht auf dumme Gedanken komme, zahlreiche Aufgaben im Haushalt. Meiner Mutter sollte ich nicht nur am Internationalen Frauentag zur Hand gehen. In der Spätverkaufsstelle in Pankow hatte ich das Essen für die

Familie zu besorgen, ohne dass mir jemand vorher sagte, was wir brauchten. Mein Taschengeld richtete sich nach den Zensuren. Wenn es Zeugnisse gab, bekam ich für eine Eins eine Mark zusätzlich, für eine Zwei 50 Pfennige. Für alles andere gab es Abzüge. In meiner Schule galt das gleiche Prinzip – mit Urkunden oder öffentlichen Tadeln. Ich heimste beides ein. Denn so begierig ich auf Bienchen und Abzeichen war, alles Verbotene machte mich neugierig.

Im Laufe meiner Schulzeit erhielt ich zwei Tadel. Einmal war ich in der Pause auf die Straße abgehauen, um mit Kieselsteinen auf vorbeifahrende Autos zu werfen. Leider verpfiff mich ein Moskwitsch-Fahrer, der sein Auto gerade frisch lackiert hatte. Den zweiten Tadel kassierte ich für das Erzählen eines politischen Witzes in der großen Hofpause. Er ging so: »Auch im Osten trägt man Westen.« Eigentlich harmlos. Dummerweise waren alle politischen Witze am Vortag von der Direktorin verboten worden. Beim Montagsappell rief sie mich vor das in Hufeisenform aufgestellte Schulkollektiv, um die Strafe zu verkünden.

Für meinen zweiten Tadel erwartete mich zu Hause überraschenderweise keine Bestrafung oder Taschengeldkürzung, ich bekam nicht einmal Stubenarrest. Meine Eltern nahmen den Zwischenfall schweigend zur Kenntnis. Ich schloss daraus, dass sie den Witz lustig fanden, zumindest stellte er für sie kein schlimmes Vergehen dar. Wenn ich ansonsten Ärger machte und mein Vater deshalb in die Schule zitiert wurde, musste ich mit einer Backpfeife rechnen. Manchmal sollte ich eine Stunde auf dem Balkon stehen – »zum Gehirn lüften«. Meine Eltern sagen heute, dass mir das nicht geschadet habe.

Ricardos Eltern schienen mir wesentlich lockerer zu sein. Da mein Freund kein Pionier und kein FDJler war, galten viele Gebote, die ich zu beachten hatte, für ihn nicht. Er hatte mehr Zeit für Freibad und Fußball, außerdem bekam er andauernd Westpakete aus Mainz. Die Lehrer schienen dafür strenger mit ihm zu sein, zweimal wäre Ricardo fast nicht versetzt worden. Trotz Bettelns der Klasse durfte er nicht zum Pionierausflug zum Schiffshebewerk mitkommen und musste den Tag im Unterricht der Parallelklasse absitzen. Stets wurde er böse angeschaut, wenn der dekadente Westen auf dem Stundenplan stand. Er reagierte darauf nicht und sah zum Fenster hinaus. Heute frage ich mich, wie er das heruntergeschluckt hat – und entsinne mich, dass er oft krank gemeldet war. Ich habe ihn dann besucht, wir haben Matheaufgaben nachgeholt (dafür gab er mir ein paar Bravo-Poster ab) und Scheine für Fußball-Toto ausgefüllt (der Dauermeister BFC Dynamo war ein sicherer Tipp). Vom Gewinn fuhren wir auf den Fernsehturm. Von dort oben konnte man über die Mauer hinweggucken und Hochhäuser und Wälder sehen, die im Schulatlas nicht eingezeichnet waren.

Mit Ricardo habe ich nicht Grenzpolizei gespielt, sondern Westen. Wenn seine Eltern noch arbeiteten, buken wir Pizza, veranstalteten Matchboxrennen und redeten wie die Jungen und Mädchen im Werbefernsehen. Wir sagten »cool« statt »dufte«. Und jedes Mal, wenn wir etwas Neues spielen wollten, holten wir den Küchengong seiner Mutter, schlugen dagegen und riefen »MB präsentiert – Kissenschlacht«. Außerdem nahmen wir uns vor, unsere Eltern mit frechen Sprüchen zu ärgern, wie wir es bei »Alf« gesehen hatten, meiner Lieblings-West-Familie. »Aber was machen wir, wenn Dein Vater arbeitslos wird und die teure Miete nicht bezahlen kann? Dann können wir ihn nicht noch ärgern«, warf ich ein. Ich hatte im Unterricht gut aufgepasst. Wir wussten einen Moment lang nicht, was wir tun sollten – bis Ricardo den Gong holte und rief: »MB präsentiert – Federball.« Befreit stürmten wir runter auf den Hof.

Zu Ricardos Geburtstagsfeiern erschien die gesamte Klasse, denn er besaß einen Computer, den man an den Fernseher anschloss, um die Olympischen Sommerspiele nachzuspielen. Seine Beliebtheit hielt sich dennoch in Grenzen. Im Schwimmunterricht trug mein Freund einmal eine Badehose, die nicht aus dem Centrum-Warenhaus am Alexanderplatz, nicht mal aus einem Exquisit-Geschäft stammen konnte, weil sie goldbraun schimmerte. Da riefen alle: »Du siehst aus wie Kacke.«

Ricardos Familie lebte um die Ecke, aber in einer ganz anderen Welt. Aus dem Küchenradio seiner Wohnung schallte der Amisender »Rias 2« mit den neuesten Hits, von unserem »Berliner Rundfunk« kannten sie nicht mal die Frequenz. Trotzdem fühlte ich mich wohl dort, weil die Mutter mir Autokarten zusteckte und der Vater, ein Mechaniker, in einem Zimmer eine Werkstatt mit Schraubstock eingerichtet hatte. Dort bastelten wir im Herbst aus Holzlatten und Packpapier riesige Drachen mit Fratzengesichtern. Ricardos Vater durfte uns nie auf Klassenfahrten begleiten, obwohl er doch zur Arbeiterklasse gehörte. Stattdessen war stets die gleiche SED-Mutter dabei. Sie riet mir einmal, mich nicht so oft mit Ricardo rumzutreiben: »Wenigstens aus Dir soll mal was werden.«

Und was aus mir werden sollte! Nachdem mir meine Eltern die Erich-Honecker-Idee mühsam ausgeredet hatten, träumte ich vom Beruf des Reporters: mit dem Mikrofon für die gute Sache in aller Welt unterwegs. Mit zwölf Jahren gründete ich eine eigene Schülerzeitung. Ich nannte sie »Brenn-

punkt«, ihr Erkennungssymbol waren fünf bunte mit Filz-
stift gemalte Kreise. Der Name brachte mir wieder Ärger mit der Direktorin ein. »Weißt Du nicht, dass auch ein
ARD-Magazin ›Brennpunkt‹ heißt?«, fragte sie mich. Ich
log: »Nein, wir gucken doch zu Hause keine Westprogram-
me.« Da konnte sie nichts machen.

Weil es keine Kopierer, Drucker oder Schreibmaschinen
gab, schrieb ich mit Buntstiften und Kugelschreiber auf karierte A4-Blätter, die ich mit einem Klammeraffen zusam-
menheftete. Oben rechts in die Zeitung kam ein Loch, an
dem sie im Klassenzimmer aufgehängt werden konnte. In
meiner ersten Nummer im September 1987 beschrieb ich
den Besuch des polnischen Staatschefs bei Erich Honecker
(»Ziele: Frieden in Europa und der Welt, noch besserer und
größerer Kinder- und Jugendaustausch«), das Abschneiden
der Pankower 60-Meter-Läufer bei den Stadtmeisterschaf-
ten (»Unsere Schule konnte sich 4x nicht fürs Finale quali-
fizieren, nur die ganz Kleinen waren groß«), die Spiele der
DDR-Vereine im Fußball-Europapokal (»Chancen für Aue
aufs Weiterkommen nach dem 0:0 gegen Valur Reykjavik:
40:60«), dazu gab es Witze und ein Kreuzworträtsel (mit
Überraschungsgewinn). Meine Mitschüler fanden die Zeitung dufte, wie sie in der Meckerecke anmerkten. Ilonka
mahnte mich allerdings, schöner zu schreiben. Schnell wurde der »Brennpunkt« mein liebstes Hobby, ich nannte mich
fortan Chefredakteur und brachte jeden Monat eine neue
Nummer heraus. Mit meiner ersten Umfrage konnte ich sogar der Aufgabe als Agitator gerecht werden: »Was hast Du
für eine Meinung zu den Besuchen Erich Honeckers in der
BRD und Belgien?« Ilonka schrieb mit ihrem Füller in ihrer
runden Schönschrift: »Dadurch werden, was mich ganz besonders interessiert, die freundschaftlichen sowie die Han-

delsbeziehungen verbessert.« Donnerwetter, auch Ilonka hatte die Geheimnisse der Sprache drauf! Denn übersetzt verstand ich ihre Antwort so: Ich hoffe, dass man bald auch ohne Westtanten an Sachen von drüben kommt. Ich konnte gar nicht glauben, dass Ilonka das geschrieben hatte. Schließlich waren ihre Eltern Hundertzehnprozentige, wie meine Eltern gerne lästerten. Ich wusste nicht genau, was das bedeutete, ahnte aber, dass es etwas mit dem Kürzel »SED« zu tun haben musste, das ich hinter ihren Namen im Klassenbuch entdeckt hatte. Vielleicht wurde Ilonka, die bereits mit zwölf Jahren das Buch »Denkst Du schon an Liebe?« las, ja umso mutiger, je erwachsener sie wurde. Die planmäßige Entwicklung ihres Körpers ließ sich jedenfalls nicht übersehen. Im Sportunterricht stolzierte sie jeden Monat in einem neuen Gymnastikanzug über den Schwebebalken.

Ich war noch nicht so weit, und die Zeiten, in denen sie mit roter Lehrerkreide »Liebe« an die Tafel geschrieben hatte, waren schon einige Schulhalbjahre her. Mich interessierte in der siebten Klasse nur mein Dasein als Chefredakteur. Im »Brennpunkt« startete ich Serien über Westautos und schrieb Berichte von Fußballspielen, die ich im Stadion (DDR-Oberliga) oder im Fernsehen (Bundesliga) gesehen hatte. Nach der zwölften Ausgabe im Dezember 1988 wurde ich von der Direktorin erstmals ins Sekretariat bestellt. Diesmal konnte ich mich nicht herausreden, stand doch in meiner Zeitung: »Unser Schulessen ist in jeder Hinsicht katastrophal.« Es war der Beitrag eines Achtklässlers zu meiner neuesten Umfrage. Andere beschwerten sich über lange Warteschlangen und Schimmel an den Kartoffeln. »Umfragen sind in der DDR verboten«, klärte mich die Direx auf. Ich stutzte; das wusste ich gar nicht. Schon setzte sie nach:

»Ebenfalls verboten sind Witze über unsere Staatsgrenze.«
An anderer Stelle hatte ich geschrieben: »Achtung! Smog in
Westberlin! Vielen Dank an alle Grenzsoldaten!« Eigentlich
sollte es nur ein Scherz darüber sein, dass es im Osten offiziell niemals schlechte Luft gab. Ich fühlte mich missverstanden. Aber mir wurde klar, dass ich mit den Dingen, die mich
interessierten, an Grenzen stoße.

Mein Glück war, dass immer mehr Schüler eigene Zeitungen gestalteten, sie hießen »Live«, »Action« und eine sogar
»Reformer«. Alle zu verbieten, traute sich die Direx wohl
nicht, zumal einige Neuntklässler bereits so mutig waren,
bei Schulversammlungen nach den Reformen in der Sowjetunion zu fragen. Sie sprachen von »Glasnost« und verkniffen
sich nicht den Hinweis, die DDR betrachte doch Moskau
sonst als Vorbild. Mann, waren die reif! Mein Ehrgeiz, selbst
Grenzen zu verschieben, war nun geweckt. Ich schrieb Artikel aus dem sowjetischen Magazin »Sputnik« ab, in denen
es um die Verschuldung der sozialistischen Länder oder
Umweltprobleme ging. Doch Ende 1988 kam der von meinen Eltern abonnierte »Sputnik« nicht mehr; die DDR-Post
hatte die Auslieferung gestoppt. »Der Sputnik bringt keinen
Beitrag, der der Festigung der deutsch-sowjetischen Freundschaft dient, stattdessen verzerrende Beiträge zur Geschichte«, hieß es im SED-Organ »Neues Deutschland«, das ich
mir extra wegen dieser Nachricht am Kiosk holte. Langsam
fand auch ich die versteckten fünfzeiligen Meldungen in den
großen Zeitungen spannend. Für meinen »Brennpunkt« versuchte ich fortan, interessante Neuigkeiten auf dem Umweg
des Dementis zu veröffentlichen, etwa im Juni 1989: »Von
BRD-Medien wurde ein Fluchtversuch mit Fluggeräten über
die Mauer beschrieben. Dies sei, ADN zufolge, grober Un-
sinn«. ADN war die offizielle Nachrichtenagentur der DDR.

Mehr und mehr schwankte ich zwischen Staatstreue und jugendlicher Aufmüpfigkeit und meinte zu merken, dass es vielen in meiner Klasse ähnlich ging. Das anerzogene Schweigen wollte uns nicht mehr locker über die Lippen gehen. Aber was sollte man sagen? Die Veränderung der Welt fing unglücklicherweise in der eigenen Schule an, und täglich fragte ich mich, wie weit ich gehen konnte und wollte. Denn vom Sozialismus überzeugt war ich nach wie vor, nicht nur weil mich die Marx-Biografie »Mohr und die Raben von London« faszinierte, in der der kommunistische Philosoph den Lauf der Welt anhand eines Ameisenhaufens erklärt hatte. Der Westen war jedenfalls kein Vorbild, der sollte schließlich voller Nazis, Spekulanten und Drogenabhängiger sein. Verwirrt trat ich einen Ferienjob beim DDR-Rundfunk an. Zunächst sollte ich nur die Agenturmeldungen sortieren, die aus einem Tickergerät quollen. Ein Redakteur erklärte mir meine Aufgabe: »Das obere Fach ist für die Innenpolitik, darunter die Politik der Sowjetunion, danach internationale Politik, Sport und Kultur. Und hier unten wirfst Du die dpa-Meldungen rein.« Der Redakteur zeigte auf den Papierkorb. Dpa war die Nachrichtenagentur aus der BRD.

Die ersten Nachrichten vom Klassenfeind schmiss ich noch weisungsgemäß weg, aber rasch siegte meine Neugier. Ich nahm die Meldung über einen neuen Grenzvorfall mit nach Hause und zeigte sie meinen Eltern. Sie lasen sie interessiert. Danach zerrissen sie den Zettel und spülten die Schnipsel in der Toilette herunter: »Willst Du, dass wir verhaftet werden?« In der dritten Ferienwoche durfte ich eigene Nachrichten schreiben. Sie wurden mit der ersten Schreibmaschine, die ich in meinem Leben sah, auf Durchschlagpapier getippt und von einem Redakteur handschriftlich bearbeitet. Wenn sie gut genug waren, las sie ein Moderator im Frühprogramm von »Stimme der DDR« vor. Ich schrieb über die Funde junger Archäologen in Thüringen und eine Eskimokonferenz in Grönland. Einige meiner Beiträge waren – von heute aus betrachtet – pure Propaganda. Am 20. Juli 1989 ging folgende Meldung von mir über den Sender: »Ein Studentenservice des Bonner Arbeitsamtes lockt viele junge Leute, die eigentlich zum Studieren in die BRD-Hauptstadt kamen, an. Der Grund: Vermittlung von Jobs auf Zeit. So können die Studenten ihre bescheidene materielle Lage etwas aufbessern. Mangel an Arbeit suchenden Studierenden gebe es nie, so das Arbeitsamt. Monatlich etwa 350 wenden sich an diese Stelle und werden unter anderem als Babysitter, Bürohelfer, Nikolaus, als Blumenmädchen zu festen Anlässen oder Regenschirmträger zu Staatsbesuchen eingesetzt. Während sie dann anderen, vielleicht sogar dem Bildungsminister höchstpersönlich, den Schirm halten, stehen sie selbst gewissermaßen im Regen.«

Anpassung. Das war der Sinn der Nischengesellschaft. Vielleicht werden die Nischen größer, wenn man sich willfährig verhält, hoffte ich noch. Für die kritischen Kommentare, die ich mir beim DDR-Radio verkniff, fand ich andere Wege. Mit Ricardo gründete ich einen eigenen Radiosender. Wir nannten ihn »Kompakt 108«, unsere Sendefrequenz 108,0 musste man sich allerdings dazudenken. Wir nahmen unsere Nachrichten, Hörspiele und Lieblingslieder von Grönemeyer auf Kassetten auf und spielten die Sendungen Eltern und Freunden vor. Wir machten uns über den Wohnungsbau lustig (»Ruinen schaffen ohne Waffen«), sogar über die Staatssicherheit (»Kommen Sie zu uns, bevor wir zu Ihnen kommen«). Unsere Eltern mussten sehr lachen, vor allem die von Ricardo. Erst als wir ihnen davon erzählten, dass wir einen Sendemast auf dem Wäscheboden installieren wollen, wurden sie böse: »Ihr spinnt wohl!« Heimlich wollte ich mit Ricardo trotzdem Ernst machen. Doch bevor es dazu kam, wurde der Ausreiseantrag seiner Eltern bewilligt. »Kompakt 108« ging nie auf Sendung. Und ich musste mir neue Wege suchen, um Dinge zu ergründen, die ich nicht verstand.

Mir kam eine Idee: Ich werde einfach Sportreporter. Denn wenn die DDR-Auswahl 1:2 verliert, kann niemand behaupten, dass sie gewonnen hat. Sozialistische Dialektik funktionierte im Sport nicht. (Vom DDR-Staatsdoping wusste freilich noch niemand etwas.) Mein Vorbild war natürlich der legendäre Heinz Florian Oertel. Gebannt nahm ich seine Reportagen auf Kassette auf und lernte sie auswendig. Mit über die Zunge rollenden Buchstaben begleitete er Katarina Witt zum Eiskunstlauf-Gold bei den Olympischen Winterspielen 1988 in Calgary: »Jawohl, Katarina, du bist über diese Klippe hinweg. Ganz hervorragend gemacht. Da fällt auch mir ein halbes Gebirge hinunter. Hello Darling!« Katarina Witt wechselte danach mit Erich Honeckers Segen zu »Holiday on Ice« nach Amerika, und ich schrieb Oertel einen Brief, in dem ich ihn fragte, ob man auch Sportreporter werden kann, wenn man im Schulsport nur eine Drei vorweisen kann. Seine Antwort machte mir Mut: »Um Sportreporter zu werden, muß man vor allem dementsprechend sprechen können. Das ist die Hauptsache! Fühlst Du Dich dazu in der Lage?« Heinz Florian Oertel war die Hoffnung, dass ich mein Hobby zum Beruf machen konnte, dass ich in den Grenzen meiner Nische einen Kompromiss finde.

Wie geht es Ihnen, Herr Oertel? »Schlecht«, ruft er ins Telefon. In den Zeitungen stehen gerade Spekulationen darüber, ob er früher bei »Horch und Guck« war. Heinz Florian

Oertel hat bereits den Anwalt für solche Fälle eingeschaltet: Peter-Michael Diestel, ein ehemaliger Politiker, während dessen Amtszeit als letzter DDR-Innenminister Stasi-Akten vernichtet wurden. In diversen Medien stellt Diestel sofort klar, dass es keine Hinweise darauf gebe, dass Oertel, den die Stasi als »Gesellschaftlichen Mitarbeiter Sicherheit« mit dem Decknamen »Heinz« geführt hatte, jemals einen Spitzelbericht geschrieben hat – vielmehr sei über ihn berichtet worden. Ich verabrede derweil ein Treffen mit meinem Vorbild am Alexanderplatz. Am Vorabend ruft Oertel bei mir an, um abzusagen, »wegen anwaltlich vereinbarter Schweigepflichten, verstehen Sie«. Bevor er mich auf ein nächstes Mal vertröstet, schickt der 78-Jährige noch eine Portion Wut durch die Telefonleitung, er schimpft darüber, dass immer etwas kleben bleibe, wenn jemand die Stasi-Keule auf den Kopf gedroschen bekomme. Er sagt das mit seiner klaren fröhlichen Sportreporterstimme. Dann legt er auf.

Heinz Florian Oertel, der noch in Pankow wohnt, kommt mir heute wie ein Aussätziger vor. Nach dem Umbruch hat er Erinnerungsbücher verfasst und sie auf zahllosen Veranstaltungen zwischen Sonneberg und Saßnitz zur Diskussion gestellt. Die ostdeutsche Lokalpresse ist begeistert, wenn der frühere SED-Genosse im sächsischen Döbeln verkündet: »Eine Generalüberholung meines Lebens gibt es nicht.« In die alte Bundesrepublik wird Oertel jedoch selten eingeladen, da kennt ihn kaum jemand. Die Dinge haben sich verkehrt: Früher war Oertel mein Vorbild, als Reisekader musste er an keiner Grenze Halt machen. Ich dagegen saß in meiner Nische und bekam immer mehr Probleme.

Mein größtes Problem war: Ich verlor das Vertrauen zu Ilonka. Unser Verliebtsein hatte nicht geklappt, und unsere Familien schienen in verschiedene Alltage abzudriften. Ich wusste inzwischen nicht nur, dass Ilonkas Vater einer der fünf SED-Eltern aus dem Klassenbuch war, sondern dass er eine Kaderfunktion bei der Akademie der Künste innehatte. Mich betrachtete er mit kaum verhohlener Distanz, und ich nahm an, dass er auch auf den Sitzungen des Elternaktivs (da war er natürlich auch drin) gegen meinen »Brennpunkt« stänkerte. Nach den Pionierdiskos im Klassenraum holte er seine Tochter mit dem Wartburg 1.3 (mit Viertaktmotor) von der Schule ab, damit ich sie nicht nach Hause bringen konnte. Aus Wut darüber stachelte ich die anderen zu blöden Sprüchen über den Luxuswagen an: »Wartburg 1.3 – eenen kriegste, dreie bezahlste.« Mir fiel auf, dass Ilonka stets Postkarten von der Insel Rügen schickte, meine Familie dagegen nur ein einziges Mal einen Ferienplatz an der Ostsee zugeteilt bekam (nun gut, dafür hatten wir unsere Interflug-Freiflüge). Mich ärgerte, dass sie die »Junge Welt« abbonierte und mich andauernd fragte, warum ich das nicht tat, »das ist schließlich unsere FDJ-Zeitung, außerdem ist da viel Sport drin«.

Nur wenn alles unpolitisch war, verstanden wir uns noch, etwa als wir uns »Dirty Dancing« im Kino anschauten und danach einvernehmlich schweigend zur Straßenbahn trabten. Ihr zweites und drittes Mal sah sie den Film allerdings mit anderen Jungs. Wir standen auch gemeinsam an der »Jugendmode« nach Sachen für die Jugendweihe an. Aber während sie ein frisches Blumenkleid und eine schwarze Lederweste ergatterte, waren mir alle Anzüge zu groß. Irgendwie fehlte immer etwas zwischen uns, und nun, da ich sowieso an allem herumzweifelte, fragte ich mich auch, ob es noch Sinn machen würde, Ilonka nachzurennen.

Zum Eklat kam es im Russischunterricht. Dort las Ilonka die Briefe einer gewissen Nadja aus einer gewissen Stadt Orscha vor, mit der sie schon seit Jahren in Kontakt stand: »Liebe Ilonka, danke für den Brief. Ich habe lange auf ihn gewartet. Ich habe eine Mutter, sie heißt Nadeschda. Sie ist 39 Jahre alt und Ingenieur bei der Eisenbahn. Mein Vater, er heißt Alexej, ist 41 Jahre alt und Hilfsmechaniker bei der Eisenbahn.« Ilonka schaute stolz in die Klasse, dann zeigte sie plötzlich auf mich: »Schreibst auch Du Deiner sowjetischen Brieffreundin noch?« Ich zögerte verblüfft: »Schon, ja, manchmal.« Bestimmt sah sie mir an, dass das nicht wahr war, sie hakte aber nicht nach. Dass Ilonka mich überhaupt bloßgestellt hatte, machte mich wütend. Ich schwor mir, nie wieder mit ihr ins Kino zu gehen.

So ging meine Kindheit zu Ende. Ich stieß an die Grenzen meiner »Brennpunkt«-Nische und fand keinen Kompromiss, mit dem ich eigene Träume und fremde Erwartungen zusammenbringen konnte. Hatte ich eben noch die Hörspiele von Lady Lockenlicht und dem Traumzauberbaum gehört und mit den aus Ungarn eingeschmuggelten Monchichi-Puppen meiner Schwester nachgespielt, hatte ich mich gerade noch mit »Drei Haselnüssen für Aschenbrödel« in eine tschechische Weihnachtsromantik geträumt und mit dem eigenen Fahrrad bei der Friedensfahrt gewähnt, so stellten sich plötzlich ganz unromantische Fragen: Welche Gesellschaft ist richtig, welche nicht? Wem kann man trauen, wem nicht? Welche Nachricht stimmt, welche nicht? Als Jugendlicher schwamm ich in einem Meer von Unsicherheit. Inzwischen war ich 13 und ließ mir vom Jugendradio DT 64 die Broschüre »Mensch, Du – das ist mir nicht bewußt« über verborgene Gefühle schicken. Ich wollte wissen, wie viel man ungestraft wagen konnte, um seine unbewussten Wünsche zu entdecken und auszuleben. Fast zur gleichen Zeit wie meine Propagandameldung für das Radio schrieb ich in meiner Schülerzeitung »Brennpunkt« einen Kommentar unter der Überschrift: »Doch Schüsse an der Mauer? Angeblicher Todesfall wird untersucht.« Darin hieß es: »Nach großem Spektakel in den BRD-Medien fragte auch der letztens in Berlin weilende Hamburger Bürgermeister Henning Voscherau (SPD) bei Erich Honecker hinsichtlich des Falles nach. Als Antwort bekam er, daß dieser Fall noch von der Staatsanwaltschaft untersucht wird. Komisch, in unseren Medien wurde doch nichts darüber bekannt. Nun also doch Schüsse an der Mauer (ohne Schießbefehl)!?« Diesmal fand ich mich wirklich mutig – viel tollkühner als beim Werfen von Kastanien über die Mauern des Regierungs-Gästehauses am Park, viel risikobereiter als bei meiner Schulessen-Umfrage. Das Verblüffende aber war: Es passierte nichts. Vielleicht lag es ja daran, dass die Direx sich gerade im Schwangerschaftsurlaub befand und nur eine scheue weibliche Vertretung mit piepsiger Stimme hinterlassen hatte. Vielleicht war auch alles gar nicht so schlimm wie ich dachte. Oder sie merkten sich das fürs nächste Mal. Und wer waren überhaupt »sie«? Ich traute mir selbst nicht mehr.

Wie viel Politik steckte in einer DDR-Kindheit? Darüber habe ich seit der Wende oft nachgedacht. War nicht das Heranwachsen geprägt von Harmlosigkeiten, denen man heute sentimental hinterherschaut wie es Jana Hensel in ihrem Bestseller »Zonenkinder« getan hat? Setzte sich die süße heile Welt nicht aus Kartoffeldruck und Lampionumzug zusammen, aus dem Werkunterricht, in dem ich Flaschenöffner aus Holz schnitzte, die ich meinem Bier trinkenden Onkel schenkte, ging es nicht um das Tauschen von Eisenbahnwaggons mit TT-Spurweite, Ausflüge in die Weltraumstation des Pionierpalastes, Schulgarten-Stunden mit selbst geernteten

Erdbeeren, Mutproben vom Zehn-Meter-Sprungturm, Soft-
eis am Busbahnhof und Klassenfahrten mit Knupper-Kar-
tenspielen? Wurden nicht viele Verkrampfungen ganz einfach gelöst, etwa, wenn man bei den Mai-Demonstrationen
gar nicht erst an der Ehrentribüne ankam, sondern vorher
durch die Seitenstraßen zum nächsten S-Bahnhof verschwand und in der Bahn manchen Lehrer traf, der ebenfalls
abgehauen war und einem wissend zuzwinkerte? Ja, all das
war so. Es gab nicht nur Schweres, es gab auch jede Menge
Leichtes: Herrn Fuchs und Frau Elster im Fernsehen, die
mutigen Abrafaxe als Comic, die Olsenbande im Kino, Heinz
Florian Oertel und Katarina Witt. Und dann Urlaub am Balaton oder am Schwarzen Meer, wo das Leben fast so war wie es
am Mittelmeer sein musste. Es war lange möglich, das Schöne zu genießen und sich sonst nicht recht festzulegen. Man
konnte sich Anerkennung sowohl bei den Kumpels als auch
bei den Lehrern erwerben – indem man brav sozialistische
Gedichte beim Elternabend aufsagte, aber am nächsten Tag
zu spät kam. Man konnte Agitator sein und sich trotzdem mit
einem geheimen Radiosender austoben. Doch irgendwann
hatte dieses muntere Hin und Her ein Ende. Bei mir war dieser kritische Punkt erreicht, als ich meine Schülerzeitung
nicht mehr so gestalten durfte, wie ich wollte. Und als meine
Eltern den nächsten Eklat auslösten, indem sie ankündigten:
»Wir werden Dich nicht ins Wehrlager schicken.«
   Im Wehrlager sollten Jungs der neunten Klasse zwei Wochen lang exerzieren und schießen üben. Mein Vater – er
schien auch im Betrieb längst Ärger zu haben, andauernd
schimpfte er auf die Parteileitung – fand das unvereinbar mit
der offiziellen Abrüstungspolitik und schrieb Beschwerdebriefe an die Schule. Mitten in einer Unterrichtsstunde holte
mich ein FDJ-Funktionär im Blauhemd aus der Klasse und

führte mich über die leeren Gänge ins Sekretariat, wo mich die Direx, meine Klassenlehrerin und zwei Männer eine Stunde lang einvernahmen. Hatte ich nicht in der 7. Klasse zugesichert, dass ich mich mindestens drei Jahre lang für die Armee verpflichten lasse?, fragte mich meine Klassenlehrerin – und nun wolle ich nicht einmal ein paar Tage ins Wehrlager? Die Männer, die sich nicht vorgestellt hatten, schrieben alles mit. Dann sagte die Direx, mit einer klaren Kälte in der Stimme, wie ich sie von ihr niemals zuvor gehört hatte: »Wenn Du nicht ins Wehrlager fährst, kannst Du nicht Deine marxistisch-leninistische Grundüberzeugung unter Beweis stellen. Ohne diese Überzeugung können wir Dich nicht zum Abitur zulassen.« Dass ich ohne Abitur nicht Reporter werden konnte, wusste jeder im Raum. Zu Hause fragte ich meine Eltern, ob ich nicht trotz der blöden Waffenübungen fahren könne. Was seien schon zwei Wochen gegen einen Berufstraum? Sie blieben hart.

Für mich brach eine Welt zusammen. Bei einem Spaziergang im Park, bei dem ich am liebsten alle Scheiben von Honeckers Regierungs-Gästehaus mit den herumliegenden Kastanien eingeschmissen hätte, fragte ich meine Mutter: »Was wäre eigentlich passiert, wenn ich 300 Meter weiter westlich geboren worden wäre?« Verzweifelt zeigte ich auf die Flugzeuge, die über uns hinweg West-Berlin anflogen. »Du wärst bestimmt ein guter Reporter geworden«, sagte sie und strich mir übers Haar. Dann schlichen wir nach Hause, und trotz eines vom Tränenzurückhalten erstickten Halses war ich irgendwie erleichtert. Nun war klar, dass ich nicht mehr zwischen Freiheit und Gehorsam hin und her lavieren musste. Jetzt konnte ich auch offen sein, es war sowieso alles aus mit meinem sozialistischen Traum nach Oertel-Vorbild. Im Sommer 1989 trat ich aus der FDJ aus, nachdem die Jugendorganisation den Rauswurf mehrerer Schüler an der benachbarten Ossietzky-Oberschule unterstützt hatte, die sich an ihrer Wandzeitung gegen Militärparaden ausgesprochen hatten. Alles schien immer enger zu werden im halben Staat. Oder war es immer so eng gewesen, und man hatte es nur nicht gemerkt? Hatte es schon angefangen, als ich den Eltern an einem Adventssonntag meinen Wunschzettel gab, und sie mir ein paar Tage später vom Weihnachtsmann ausrichteten, ich könne mir nichts wünschen, was in der Westwerbung gezeigt werde? Die Alternativen waren doch klar und deutlich: Soll man zur Russisch-Schule gehen, wo die Elite lernen durfte? Soll man sich tatsächlich für drei Jahre zum Armeedienst melden, um seine Aussichten auf einen Studienplatz zu verbessern? Ständig brachen Entscheidungen in das Familienleben ein – und jedes Mal erschienen sie von größerer Tragweite.

Mein Vater, Vermessungsingenieur beim Kombinat für Geodäsie und Kartografie, erhielt Ende 1988 das Angebot, im Irak »sozialistische Entwicklungshilfe« leisten zu dürfen. Eine Entlohnung in Devisen lockte, die Berechtigung für Westreisen. Die Familie könne mitkommen, hieß es, meine Schwester solle Unterricht in der sowjetischen Botschaft in Bagdad nehmen. Ein Abenteuer außerhalb der engen Grenzen – zwei Jahre lang, auf Wunsch länger. Es gab nur ein Problem: Ich sollte in der DDR zurückbleiben. Abgesandte des Betriebes und der Partei erschienen in unserer Wohnung, ich hörte sie hinter der verschlossenen Wohnzimmertür davon murmeln, wie schön doch die sozialistischen Kinder- und Jugendheime seien. Meine Eltern lehnten ab – nach vielen schlaflosen Nächten, wie sie heute sagen. Wie viele Eltern haben nicht abgelehnt? Und kann man ihnen das heute vorwerfen, neun Mal klüger als damals?

Es war eine schöne Kindheit. Doch rückblickend tut es mir weh, dass Ilonka und ich wegen politischer Vorbehalte zweier Familien uns niemals getraut haben, Hand in Hand durch den Pankower Park zu gehen. Mich schmerzt, dass selbst Alfons Zitterbacke die Nationale Volksarmee mochte. Und ich schäme mich, dass ich Meldungen über die böse BRD für die »Stimme der DDR« verfasst habe. Aber vielleicht kann man auch darüber nicht nüchtern urteilen, schon gar nicht, wenn man selbst betroffen ist. Womöglich denkt man heute extra das Gegenteil von dem, was man früher gedacht hat, um vergessen zu machen, dass man selbst Erich Honecker werden wollte.

Natürlich hätte auch unsere Familie andere Möglichkeiten gehabt, sie hätte sich stärker abgrenzen können wie die von Ricardo oder stärker anpassen wie die von Ilonka. In beiden Fällen hätten wir offener reden und handeln können. In der DDR gab es viel mehr Möglichkeiten als heute öffentlich suggeriert wird, es war nicht nur die »Straße der Besten« asphaltiert. Jede Mutter hat auf ihre eigene Art Lücken gesucht, um für ihr Kind etwas herauszuholen. Jeder Vater hat die politischen Vorgaben nach seiner Überzeugung in den Alltag übersetzt. Jeder Junge hat anders mit der anerzogenen Heimatliebe gerungen, jedes Mädchen anders zwischen den Zeilen gelesen. Die Mehrheit hat gelernt, sich in der Gemeinschaft einzurichten, doch mit dem Gruppenzwang konnte verschieden umgegangen werden – schweigend, mit Lücken in der Sprache oder mutig ohne Lücken. Vieles entschied sich an den Lebensumständen der Familie: an Kontakten zum Westen, dem Glauben an Gott oder die Partei. Deshalb ist das »Wir« der »Zonenkinder«, das Jana Hensel in ihrem wärmenden Buch über meine Generation benutzt hat, zwar schön, aber ungenau. Im Grunde hat Jana Hensel die Nischen der Kindheit beschrieben, die Grenzen aber ausgelassen.

Zum 40. Jahrestag der DDR, den die Staatsführung im Berliner Stadtzentrum mit Fackelumzügen und Militärparaden beging, machte ich im »Brennpunkt« trotz Verbots eine Umfrage: »Was würdet ihr bei uns verändern? Anonyme Äußerungen sind genauso gefragt wie Meinungen mit Namen.« Ich forderte sogleich »die Abschaffung der monotonen, unobjektiven Berichterstattung vor allem in der Politik«. Ein anderer verlangte nach einer Oppositionspartei, »die der führenden Partei auf die Finger sieht und auf die Finger klopft«. Mehr Schüler nahmen an der Umfrage nicht teil, schon gar nicht Ilonka. Nach den Paraden zum Jahrestag wurden auf der Schönhauser Allee Tausende Protestler von Stasi und Bereitschaftspolizei zusammengeprügelt und verhaftet. Zwei Tage später fuhren rund um Leipzig Panzer auf, Krankenhäuser wurden geräumt. Die Menschen riefen »Keine Gewalt«. Erst im letzten Moment wurde der geplante Krieg gegen das Volk abgesagt. Der Staat hatte den Kampf verloren.

Meine Eltern haben vielleicht nicht oft genug Nein gesagt. Aber für mein Verhältnis zu ihnen ist heute entscheidend, dass sie nicht der Verlockung der Auslandsarbeit erlegen sind und mich als Pfand in der DDR zurückgelassen haben. Daraus erwächst so etwas wie Demut, auch wenn ich die Wut nicht vergessen habe, die ich verspürte, als ich zum Gehirn-Lüften auf den Balkon musste oder als ich wegen ihrer Sturheit in Sachen Wehrlager meinen Reporter-Traum zerplatzen sah. Man könnte Demut still zurückzahlen, indem man ebenfalls schweigt – über die Niederlagen und Konflikte der älteren Generation nach der Wende, über das Überholtwerden von den eigenen Kindern, über die anhaltende Orientierungslosigkeit in der neuen Welt. Sollte man das tun als Journalist, der ich nun doch geworden bin? Sollte man das lassen, als Sohn?

Der Erfinder von Alfons Zitterbacke, Gerhard Holtz-Baumert, hat 1995 noch ein Kinderbuch geschrieben. Darin spielt der Sohn des DDR-Jungen die Hauptrolle, er heißt ebenfalls Alfons. In einer Geschichte beschreibt der junge Alfons die Probleme seiner Eltern nach der Wende: »Es ist doch aber wahr, knurrte der Vater, wenn ich durch die Straßen lauf, weiß ich gar nicht mehr, wo ich bin und verstehe nichts mehr. Taste the …, lese ich. Aber was soll ich tasten?«

5.

Gemeinsam ernüchtert.
Familie nach dem Umbruch

Unser letzter Familienurlaub dauerte 80 Stunden. Davon saßen wir 30 Stunden im Flugzeug, die restlichen 50 machten wir Station in Bangkok. Einen längeren Aufenthalt konnten wir uns kurz nach der Vereinigung nicht leisten.

Die Reise ans andere Ende der nun offenen Welt war ein Geschenk von Interflug an unsere Familie – ein letztes Privileg dafür, dass meine Mutter 13 Jahre lang im Haus des Reisens als Buchungsexpedientin und Abrechnerin für Flugdokumente gearbeitet hatte. Zum Zeitpunkt unseres Bangkok-Urlaubs, im Oktober 1990, stand Interflug vor einer ungewissen Zukunft, wie alles, was mit DDR und Privilegien zu tun hatte. Für den Freiflug, von dem wir richtigerweise annahmen, es sei unser letzter, wählten wir deshalb die längste Strecke, die Interflug anbot – Bangkok war 8600 Kilometer entfernt. Eine ähnliche Entfernung wies nur Havanna mit 8400 Kilometern auf. Aber auf Reisen in sozialistische Länder waren wir erst einmal nicht so scharf.

Über Bangkok wussten wir nichts. In meinem Schulatlas war die Stadt nicht eingezeichnet – kein Wunder, da war ja selbst West-Berlin ein grauer Fleck. Also kramte meine Mutter ihren Schulatlas aus den fünfziger Jahren hervor. Darin war noch die ganze Welt kartografiert, auch das Nichtsozialistische Wirtschaftsgebiet in Asien. Mit Hilfe der alten

Karten konnten wir uns darauf vorbereiten, dass wir in eine Zone subtropischen Klimas fliegen würden.

Nach der Landung gerieten wir in ein Tempo von Menschen und Maschinen, das einem die Augenblicke verhedderte. Wir atmeten Luft ein, die mit hitziger Schwüle die Lungen durchweichte. Wir sahen riesige Tempel aus Gold, Menschen, die zur Unterhaltung anderer ihre Köpfe in Krokodilsrachen steckten, Elefanten, die Fußball spielten, und Kinder, die nach der Arbeit mit schmalen Booten an Slumhütten anlegten. In Bangkok entdeckten wir einen Kapitalismus ohne Zügel, ein Leben ohne Pausetaste. Das Schöne glänzte inmitten des Hässlichen, es duftete wie die Blüten der Orchideen, die meine Mutter im Strauß mit nach Hause nahm. Besonders faszinierte sie, dass jeder einzelne Orchideenstiel in einem kleinen Fläschchen Wasser steckte. Welch ein Luxus, welch ein aufwändiger Kampf gegen die Vergänglichkeit!

In Bangkok waren wir noch eine Familie. Wir jagten gemeinsam die Spinnen im billigen Hinterhof-Hotel, schipperten zusammen über den schwimmenden Markt und feilschten mit vereinten Kräften um kopierte Musikkassetten. Wir genossen den Rausch des Umbruchs, der uns ein zweites Leben versprach voller Exotik und Abenteuer, zur Erkundung freigegeben für alle Eroberer der Freiheit, für alle Besitzer von Westgeld. Doch diese Reise war kein Anfang, sie war ein Ende.

Am 30. April 1991 hob die letzte Interflug-Maschine von Berlin-Schönefeld in Richtung Wien ab. Für diesen Flug bekam meine Mutter keinen freien Platz mehr, nur ein symbolisches Ticket mit einer Trauerschleife, »für langjährige treue Dienste und für das Durchhalten bis zum bitteren

Ende«. Interflug wurde abgewickelt – wie so viele Betriebe und Kombinate, die den Westgeschmack, den nun auch die Ostkunden hatten, nicht bedienen konnten. Das Aus für den Staatsflieger beendete einen Wirtschaftskrimi, der monatelang die Schlagzeilen in Ostdeutschland beherrscht hatte und der bis heute beispielhaft für die Sanierungspolitik der Treuhandanstalt steht. 2900 Mitarbeiter erhielten einen Brief wie meine Mutter: »Sehr geehrte Frau Ide, wie Ihnen bekannt ist, befindet sich die INTERFLUG Gesellschaft für internationalen Luftverkehr mbH in Liquidation. Das hat zur Folge, daß Ihr bisheriger Arbeitsplatz wegen der damit verbundenen Betriebsstillegung nicht mehr existent ist. Aus diesem Grund sehe ich mich veranlaßt, Ihr Arbeitsverhältnis betriebsbedingt zu kündigen.« Unterzeichnet ist das Schreiben »hochachtungsvoll« von Rechtsanwalt Dr. Jobst Wellensiek. Sein Beruf: Liquidator. Von solch einem Beruf hatte unsere Familie noch nie gehört.

Unsere Fröhlichkeit stürzte ab. Meine sonst schlagfertige Mutter lachte nur noch selten, sie traf sich nicht mehr mit Arbeitskollegen, Wohnungsnachbarn, Freunden. Auch ich mied das Haus des Reisens am Alexanderplatz, diese Pleite traf uns alle. Interflug hatte schließlich immer ein kleines Versprechen von Grenzenlosigkeit dargestellt. So wie der Schauspieler Walther Plathe in der populären DDR-Fernsehserie »Treffpunkt Flughafen« um den halben Erdball flog und in Hanoi seine Liebesprobleme löste, so locker-elegant wollte unsere Familie die grenzenlose Welt entdecken, die sich nun auftat. Doch Interflug, und das waren die nackten Fakten, die wir aus der Zeitung erfuhren, war ein Pleiteunternehmen. Zwar hatte die Airline 1989 noch 2,35 Millionen Passagiere in 37 Länder befördert und ein ehrgeiziges Programm »Kurs 2000« entworfen. Doch Wartung und Betrieb der veralteten sowjetischen Iljuschin-Maschinen schlugen nach Angaben der Treuhandanstalt mit einer halben Million D-Mark Verlust zu Buche – pro Tag. Die drei Airbusse, jene mit westdeutschen, von Franz Josef Strauß vermittelten Krediten finanzierten Prunkstücke für die Langstreckenflüge nach Bangkok und Havanna, mussten abbezahlt werden – nur wusste niemand, wie. Interflug war geflogen, jahrzehntelang. Nun, in der ersehnten Marktwirtschaft, galt das nichts mehr.

Um zu lernen, wie das System von Angebot und Nachfrage funktioniert und wie man sich in ihm verhält, blieb wenig Zeit. Kaum hatte man sich an die neue D-Mark gewöhnt, da gingen schon Grund und Boden zurück an alte Eigentümer, von denen manche die Ländereien ihrer Großeltern im Osten nie gesehen hatten. Auch Interflug verlor Immobilien, Flugplätze, Ferienheime. Die Treuhandanstalt, die das verrostete Volkseigentum aufpolieren und verkaufen sollte, entschied sich meist für die Verschrottung. 3100 Betriebe wurden allein von ihr geschlossen. Und meine Mutter, die unbeirrbare Managerin von Haushalt und Alltag, wurde hilf- und arbeitslos. Im fernen Erzgebirge machten die Kühlschrank- und Motorradfabriken dicht und entließen meine Tanten und Onkels. Nur wenige im Städtchen Wolkenstein, Heimat meiner Mutter und für mich stets fröhliche Ferienstation, hatten noch etwas Gescheites zu tun. Gerade dort hatten sie eben noch Helmut Kohl zugejubelt und seiner Verheißung von den blühenden Landschaften Glauben geschenkt. Nun kaufte niemand mehr Kühlschränke und Motorräder aus Sachsen, auch meine Familie nicht.

Jobst Wellensiek zieht eine Schreibunterlage aus seinem Holztisch. »So können Sie bequemer arbeiten«, sagt er, rückt seine Brille zurecht und lässt sich nach einer einladenden Geste in seinen Drehstuhl aus weißem Leder fallen. Der wichtigste deutsche Firmensanierer residiert in einem mit Arbeitsakten und Andenken überladenen Bürgerhaus in Heidelberg, in seinem Büro im dritten Stock stellt er Kriegsschiffmodelle aus dem Zweiten Weltkrieg in einer Vitrine aus. Wellensiek ist 75, er hat Wirtschaftsgeschichte geschrieben. Seine Kanzlei, laut Eigenwerbung spezialisiert auf »Insolvenz, Krise und Sanierung«, hat die Vulkanwerft in Bremen zerlegt, die Klöckner-Werke in Duisburg, die Maxhütte in der Oberpfalz. In Ostdeutschland hat der zuvorkommende Mann, den ein bedächtiger Gang und eine kräftige Stimme auszeichnen, wichtige Kombinate abgewickelt: die Stahlwerke in Riesa, den Exporteur von Spiegelreflexkameras Pentacon in Dresden und eben Interflug. »Abwickeln ist ein hässliches Wort«, unterbricht Wellensiek, schließlich liege in jeder Liquidation eine Chance, zu retten, was zu retten ist – falls es wirtschaftlich Sinn macht. »Es ist aber nicht vertretbar, Unternehmen zu sanieren, die später subventioniert werden müssen«, sagt Wellensiek. »Wie viele andere musste ich feststellen, dass der Erhalt der alten Kombinatsgebilde unmöglich war.«

Der Rechtsanwalt hat sich gut auf unser Gespräch vorbereitet. Fünf Aktenordner hat er aus dem Keller die hölzerne Wendeltreppe hinauftragen lassen. Die Schuldigen für den Sinkflug kann er jedoch nach Durchsicht der Geschäftspapiere eines seiner langwierigsten Verfahren (Die letzte Rechnung für Interflug stellte Wellensiek 2004 aus.) nicht benennen. »Damals existierten Gerüchte, dass geheime Kräfte am Werk seien, die Interflug wegen der Konkurrenz zu Lufthansa beseitigen wollten«, berichtet er nach einer halben Stunde, »ob hieran etwas wahr war, kann ich bis heute nicht beurteilen.« Wie beiläufig formt Wellensiek solch wohl dosierte Sätze. Eine weitere halbe Stunde später spricht er von einem »sensiblen politischen Fall«. Eine Bonner Entscheidung zugunsten der Lufthansa?, hake ich ein. Darauf will sich Wellensiek nun auch wieder nicht festlegen lassen. »Ich glaube, dass sogar innerhalb der Regierung, also zwischen Bundesfinanzministerium und Bundesverkehrsministerium, die Ansichten über den Erhalt der Interflug verschieden waren. Als Liquidator stand ich zwischen den Fronten.« Möglicherweise war es ein Fehler, dass er von einem zehnköpfigen Beraterteam umgeben war, gestellt von der Lufthansa? Wellensiek lächelt, während er sich wehrt. »Das war mir von der Treuhand vorgegeben worden. Sollte ich mich etwa von der Air France beraten lassen?« Der Mann, den meine Familie für einen gnadenlosen Kaputtsanierer hielt, entpuppt sich als netter älterer Herr.

Wie wirkt es sich aus, wenn ein Liquidator seine Aufgabe gewissenhaft erfüllt? Wie fühlt es sich an, wenn die Arbeitslosigkeit Einzug in die Familie hält? Ganz normal, könnte man denken im Jahre 2007. Doch Arbeit war in der DDR so selbstverständlich (selbst wenn man als Dispatcher außer Kaffeetrinken nichts zu tun hatte), dass der Verlust kollektiv persönlich genommen wurde. Sogar wenn es eng wurde, fanden Demonstrationen erst nach Feierabend statt. Streiks waren verpönt, so dass die polnische Gewerkschaft Solidarność, die eher als die ostdeutschen Arbeiter gegen die Planwirtschaft aufbegehrte, in den DDR-Kombinaten verspottet wurde: Die Polen seien doch bloß zu faul zum Arbeiten. Streiks gab es im Osten erst, als es zu spät war – etwa, als die Kumpel in Bischofferode um ihr Kalibergwerk kämpften, vergebens.

Mit Ilonka, die ich manchmal von einer mit dem Wort

»Wut« beschmierten Telefonzelle aus anrief, traf ich mich an einem Nachmittag, an dem keine Arbeitsgemeinschaft mehr auf unser Erscheinen wartete, auf einer Mahnwache vor der Treuhandanstalt zur Rettung der ostdeutschen Werften. Die Treuhand, die am Alexanderplatz direkt neben dem Haus des Reisens residierte – im Haus der Elektroindustrie –, wurde schnell ein Hassverein wie einst die SED. »Menschen kann man nicht abwickeln«, stand nun auf den bemalten Bettlaken. Ilonka trug ein Schild: »Volkseigentum – von der Treuhand veruntreut.« Es wurde nicht mehr zu Hunderttausenden protestiert. Arbeitskollektiv für Arbeitskollektiv pilgerte mit Kerzen in der Hand durch die Straßen und blockierte schimpfenden Autofahrern den Heimweg. Jeder kämpfte für sich. Die meisten verloren.

War Interflug nicht zu helfen? Gab es nur den hässlichen Weg, die Liquidation? Bis heute habe ich darauf keine Antwort gefunden. Wenn ich nachträglich die alten Zeitungsausschnitte durchblättere, die meine Mutter in einem Ordner mit der Aufschrift »Auszüge aus der Kaderakte« abgeheftet hat, wenn ich die Erinnerungen von Treuhand-Chefin Birgit Breuel oder das aufschlussreiche Buch »Weg und Ende der Interflug« von Karl-Dieter Seifert lese, kommt statt der Auflösung eher noch ein Rätsel hinzu: Waren wir alle zu leichtgläubig?

Erster Akt, die Hoffnung: Im Mai 1990 beantragt die Lufthansa eine Beteiligung an Interflug, diese scheitert zwei Monate später am Einspruch des Bundeskartellamts. Im September wird der Betrieb der Interflug in mehrere Flughafengesellschaften zerlegt, Agrar- und Transportflieger werden ausgegliedert. Nach der Vereinigung im Oktober 1990 schlägt die Lufthansa eine Komplettübernahme vor – schließlich gehören nun beide Gesellschaften mehrheitlich dem Bund. Auch die British Airways ist zu einer Übernahme bereit. Die Engländer erhoffen sich einen Einstieg in den deutschen Markt nach dem Wegfall alliierter Landerechte. Die alte Interflug-Leitung träumt derweil davon, eigenständig zu bleiben, und präsentiert mehrere Kooperationsangebote. Dafür fordert sie wirtschaftliche Hilfe der Treuhand. Es gibt offenbar viele Möglichkeiten. Frohgemut machen wir uns auf den Weg nach Bangkok.

Auf unserem Rückflug nach Schönefeld macht der Airbus mit traditionellem Interflug-Zeichen, aber nun ohne DDR-Emblem, eine Zwischenlandung in Dubai. Unsere Familie vertrödelt die halbe Stunde Aufenthalt im größten Duty-free-Shop der Welt mit seinen Auto- und Schmuckausstellungen. Am Ende müssen wir rennen, um unsere aufgetankte Maschine nicht zu verpassen. In der Hektik rutschen meiner Mutter ihre Orchideen aus Bangkok aus der Hand, die kleinen Wasserflaschen knallen auf den Marmorboden und zerbersten in klirrendem Krach. Vier Soldaten zücken sofort ihre Maschinengewehre und umstellen meine Mutter, die ängstlich die Scherben aufsammelt. In Dubai herrscht höchste Sicherheitsstufe, denn der Irak ist zwei Monate zuvor in Kuwait einmarschiert. »Gut, dass wir zu DDR-Zeiten nicht in den Irak gegangen sind«, sagt mein Vater, als wir nach 80 aufregenden Stunden wieder in Schönefeld landen. Gut, dass wir noch einmal nach Bangkok geflogen sind, sagen wir uns nur wenige Monate später.

Zweiter Akt, das Unbekannte: Es gibt viele Möglichkeiten, doch gegen jede von ihnen spricht etwas anderes. Gegen ein Zusammengehen der Interflug mit der Lufthansa hat sich das Bundeskartellamt ausgesprochen – aus einem schwer zu durchschauenden Grund: Die Gesellschaft Aero Lloyd hat Einspruch eingelegt, weil sie eine übermächtige Konkurrenz auf deutsch-deutschen Flügen fürchtet. Bis dahin hat Aero Lloyd allerdings solche Flüge kaum durchgeführt. Gegen den Einstieg von British Airways legt wiederum das Bundesverkehrsministerium ein Veto ein, es will sich keine ausländische Konkurrenz in den Markt holen. Bleiben noch die Hoffnungen auf eine eigenständige Interflug. Doch hier lehnt die Treuhand jede Hilfe ab. Die Idee, moderne Boeing-Maschinen zu leasen, kann nicht umgesetzt werden. Die Bundesregierung benötigt zwei Monate, um der Treuhand das Signal zu geben, weiterzuverhandeln. Inzwischen ist es Dezember 1990, viele Techniker flüchten aus Angst um die Zukunft zur Lufthansa. Das führt dazu, dass die drei Airbusse nicht mehr gewartet werden können. Die Linie steht vor dem Kollaps.

Die Angst schlägt sofort in unsere Familie durch. In mein Tagebuch notiere ich zum Jahresbeginn 1991: »Es sollte doch alles ganz anders kommen. Pech gehabt. Wo ist das Wort Wahnsinn? Wo ist die zwanglose Freude und Begeisterung? Was bleibt, ist ein anderes Wort: Schade drum!« Zu diesem Zeitpunkt bin ich fast 16, doch das Vertrauen in die Zukunft ist mir abhanden gekommen – »im besten Alter«, wie ich mich selbst bemitleide. Hatte ich vor kurzem noch in England stolz auf dem Nullmeridian gestanden, hatte ich eben noch im fernen Osten den Vorgeschmack auf ein buntes Leben genossen, so schütteln mich nun sogar nachts Zweifel. Einmal träume ich, ich sei morgens aufgewacht, und auf dem Weg ins Bad würde ich die Arbeitstasche meines Vaters im Flur stehen sehen. Ja, es ist die braune Schweinsledertasche, die immer dort steht, aber nicht morgens, sondern erst abends, wenn er von der Arbeit gekommen ist. Mich durchschießt der Gedanke, dass die Tasche von nun an jeden Tag an ihrem Platz stehen bleibt, von früh bis spät, von spät bis früh. Im Traum schließe ich mich ins Badezimmer ein. Meinem Vater will ich am ersten Morgen seiner Arbeitslosigkeit nicht begegnen.

Dritter Akt, das Ende: Als Interflug zu Jahresbeginn 1991 kaum mehr zu retten scheint, prüft die Treuhand nach eigenen Angaben noch acht Angebote. Die Verluste häufen sich. Irgendwann ziehen Lufthansa und British Airways ihre Angebote zurück, auch wegen der negativen Auswirkungen des Golfkriegs auf den Luftverkehr. Am 7. Februar 1991 gibt die Treuhand bekannt, dass die Privatisierung gescheitert sei, weil sich »kein in- oder ausländischer Investor finde«. Lufthansa, wegen Vorbehalten der Alliierten bis dato ohne Landerechte in Berlin, kauft sich die Erlaubnis bei der bankrotten amerikanischen Linie PanAm. British Airways beantragt eine Genehmigung für den Betrieb einer Deutschen BA, der später erfolgreichen dba. In einer Erklärung bedauert Lufthansa den Verlust der Arbeitsplätze bei Interflug. »Etwas Besseres als das endgültige Aus für die ostdeutsche Interflug konnte der bundesdeutschen Staatsfluglinie kaum passieren«, kommentiert derweil die »tageszeitung«. Die Deutsche Angestelltengesellschaft wirft der Treuhand vor, sie habe Interflug »kaputtverhandelt«. Die weist das zurück und gesteht lediglich ein, »zu zaghaft« agiert zu haben. Ein Protestflug von Mitarbeitern zum Bundespräsidenten nach Bonn bringt nichts mehr ein. Die Treuhand bestellt einen Liquidator und beruft ihn wieder ab, als der neue Verträge mit Reiseveranstaltern aushandeln will. Schließlich bringt Jobst Wellensiek die Interflug zur letzten Landung. Er verkauft Iljuschin-Flugzeuge für eine Mark.

Immerhin behält mein Vater seine Arbeit. Teile des Kombinats für Geodäsie und Kartografie, für das er U-Bahn-Tunnel und Gleisanlagen vermisst, übernimmt der Senat von Berlin – bis heute arbeitet mein Vater dort als Vermessungsingenieur, wenn auch nicht mehr unter Tage, sondern im Büro. Ich hätte also den Albtraum von der nutzlosen Schweinsledertasche getrost vergessen können wie so viele andere. Konnte ich aber nicht.

War es von Anfang an abwegig, auf eine soziale »Soziale Marktwirtschaft« zu hoffen? Die Wahrheit ist wohl: Die Marktwirtschaft mit ihren Mechanismen durchschaute meine Familie nicht, ein Kartellamt war uns ähnlich unbekannt wie eine Kiwi. Blühende Landschaften waren uns versprochen worden. Doch niemand hatte erwähnt, dass es dazu keiner ostdeutschen Gartengeräte bedurfte. Dummerweise brauchte man auch keine Gärtner mehr. Der Westen, der sich weiterhin als Deutschland genügte, produzierte ausreichend mit eigenen Mitteln. Der Osten hatte die Ehre, diesem Wirtschaftswunderland beigetreten zu sein. Und es stimmte ja: Er hatte sich selbst dafür entschieden.

Die Wiedervereinigung erlebte Jobst Wellensiek in Dresden. Auf einer Party bei Bekannten am 3. Oktober 1990 sah er Freudentränen in den Augen junger Ostdeutscher glänzen. Seitdem begleitet auch ihn die Frage, wie diese Begeisterung abhanden kommen konnte. »Zweifelsohne ist eine schreckliche Arbeitslosigkeit über Ostdeutschland gekommen«, sagt Wellensiek. »Aber leider wird heute vergessen, in welcher Unfreiheit man gelebt hat.« Nein, es habe nicht nur Leichenbestatter aus dem Westen gegeben, oder Glücksritter, die sich eine schnelle Mark erschlichen. Genauso viele hessische Unternehmer hätten aus Patriotismus in Thüringen investiert und seien daran wirtschaftlich zugrunde gegangen. Wellensiek öffnet seine Hand. »Ich kann schon fünf allein aus meinem Freundeskreis aufzählen.« Von der Treuhandanstalt bekam er in jenen Zeiten ohne viele Anträge in kürzester Zeit Finanzhilfen gewährt, um von ihm betreuten Betrieben zu helfen. »Es herrschte Aufbruchstimmung, manche würden sagen: Goldgräberstimmung.« Eine Spur Trauer liegt jetzt in der kräftigen Stimme von Jobst Wellensiek. Der wichtigste Liquidator Deutschlands scheint das Ungestüme des Umbruchs zu vermissen.

Das Ungestüme machte nicht allein meiner Familie zu schaffen. Wenige Wochen nach dem schwarz-rot-goldenen Freudenfest kippte die Stimmung im Osten derart, als sei das ganze Land dem Untergang geweiht. »Haben wir nicht die Einheit auch für den Westen erkämpft?«, fragte mich Ilonka auf einer Mahnwache, bei der ich sie zum ersten Mal rauchen sah. »Der Solidaritätszuschlag ist nur ein Schweigegeld fürs Plattmachen«, schimpfte sie weiter und beschloss beim Wegschnippen ihrer Kippe, künftig Wahlzettel der Spartakist-Arbeiterpartei zu verteilen. Die forderte nämlich eine Verstaatlichung aller Betriebe. Ilonka muss ziemlich wütend gewesen sein, denn sie hielt es tatsächlich sechs Wochen bei den im Zigarettenrauch politische Theorien wälzenden Splitter-Spartakisten aus. Mitten im Vollzug der deutschen Einheit begann sich der in Auflösung befindliche Osten wieder als Osten zu definieren. »Die Einheit habe ich mir auch anders vorgestellt«, sagte ich zu Ilonka – und borgte mir von ihr eine Zigarette. Sie rauchte F6, die mit den kurzen Filtern aus Dresden, nicht etwa Camel aus North Carolina. Du treue Seele, sagte ich in Gedanken zu ihr, als ich das Feuer an meinem Mund entfachte.

Wenn ich heute an die ersten Jahre nach der Wende denke, kommt mir vieles disparat vor. Das Alte ließ sich nicht mehr zwanglos mit dem Neuen vermengen wie noch nach der Währungsunion, als quietschende Einkaufswagen mit kaputten Rädern und neue Südfrüchte, deren Namen man auswendig lernte, noch ein verqueres, funktionierendes Ganzes ergaben. Nun versank das große Ganze in einem kleinteiligen Wirrwarr. Die Brötchen der neuen, gelb leuchtenden Bäckerfilialen schmeckten fahl und wie mit Luft aufgepumpt. Die Makkaroni schienen zu dick, die Spaghetti zu dünn zu sein. Das ist sicher nur Gewöhnungssache, redete ich mir ein. Doch wie sollte man sich an alles gleichzeitig gewöhnen?

In den Zeitungen standen die interessanten Dinge in der Aufmacher-Überschrift, nicht mehr versteckt in einem Fünfzeiler. Eigentlich eine gute Sache, doch die Artikel setzten sich aus unbekannten Worten zusammen. Nun war die Rede von »Umstrukturierungen«, »Gesamtvollstreckungen« und »Makulierungen«. Was man davon überlesen konnte (wie früher »Generalsekretär« und »unumkehrbare Freundschaft«), erschloss sich mir nicht. Alles Fremde klang bedrohlich, konnte entscheidend sein. War an der Bedrohung der erträumten Welt wirklich der Westen schuld? Oder war die Vorstellung vom Westen falsch? Hatten meine Eltern, ich, meine Nachbarn, Freunde und Verwandten, hatten wir alle einfach die DDR abgeschafft, ohne zu bedenken, dass unser Leben als DDR-Bürger nur in diesem halben Land funktionierte? Nun war jedes Produkt in zehn Varianten zu haben, und ich konnte mich nicht entscheiden: Rama oder Lätta? Vielleicht fehlte auch mir, der ich in jenen Jahren in mein Tagebuch wimmerte, irgendein Jemand, der mir Vorschriften machte und das richtige Leben zeigte. Jene, die mir bisher den Weg gewiesen hatten, kannten sich jedenfalls nicht mehr aus.

Meine Mutter kämpfte um den Erhalt von Interflug, dabei machte das wenig Sinn. Sie wusste, dass sie auch bei

Lufthansa einen neuen Beruf hätte erlernen müssen, zumindest ein neues Buchungssystem und Englisch als Geschäftssprache. Immerhin, je gewisser der Absturz wurde, umso akribischer vertiefte sie sich darin, einen neuen Job zu suchen. Sie kaufte eine Schreibmaschine und tippte in unserer früheren Speisekammer, in der einst Zwiebeln lagerten und die wir inzwischen zu einem kleinen Gästezimmer ausgebaut hatten, Bewerbungen – Buchstabe für Buchstabe. Für mich war es eine Qual, sie mit den Tasten kämpfen zu sehen. Im Alter von 40 Jahren startete sie bei null. Doch ich konnte ihr nicht helfen. Ich musste ja selbst üben.

Genauso unnormal gestaltete sich das Verhältnis von Lehrern und Schülern auf meinem Gymnasium, das ich mir nun ohne politische Bedingungen frei aussuchen konnte. Unser Geografielehrer lehrte uns die Eigenheiten der amerikanischen Faltengebirge, die er sich wohl erst am Vorabend angelesen hatte. Als er die Worte »Appalachian Mountains« nicht auf Englisch aussprechen konnte, versank die Stunde im fröhlichen Chaos. Ein Russischlehrer versuchte auf andere Art, sich Aufmerksamkeit zu verschaffen: Er forderte die Bauarbeiter, die die Schule während des Unterrichts von Asbest befreiten und durch unser Klassenzimmerfenster auf ihre Gerüste stiegen, zum Armdrücken auf – ein Wettkampf, den die Klasse trotz des Sieges für den Lehrer bejubelte. Der kurze Triumph nützte ihm nichts: Am Schuljahresende wählten 70 Prozent unseres Jahrgangs Russisch als Fremdsprache ab.

Erziehungsberechtigte mutierten zu Witzfiguren. Auf einmal wurden wir gefragt, was uns nicht gefallen würde an der Schule (»Wollt ihr einen Kaffeeautomaten oder lieber ein Schülercafé?«), welche Videos wir im Unterricht schauen mochten (»Die nackte Kanone«, rief der Chor zurück), was

Lehrer besser machen könnten – wir interpretierten das als Schwäche der Pädagogen und gingen zum Kartenspielen über. Mir kam es so vor, als würde jeder in meiner Umgebung versuchen, einen Grand ouvert zu spielen – mit einem Null-Blatt auf der Hand.

Auch nachts war das Leben eine Baustelle. Das Schreckliche und das Schöne lagen ineinander verschränkt, das war in Berlin nicht anders als im rastlosen Bangkok. In jeder Altbauruine machte eine Kneipe auf (vor allem in der noch nicht durchtouristierten Oranienburger Straße), an jeder Ecke gründete sich eine Band, die in mit Joints verrauchten Kellern um Publikum spielte, ohne eine Genehmigung vorweisen zu müssen. Alles war so frei wie schizophren, denn immer noch gab es eine Teilung zwischen Ost und West – im eigenen Kopf. Den Lehrern hielt man vor, wie wenig sie doch von der neuen Welt verstünden. Doch wenn ich in den Studentendiskotheken von Nirvana-trunkenen Mädchen angesprochen wurde, verheimlichte ich lieber, dass ich aus den FNL (fünf neuen Ländern) kam. »Ich komme aus dem Norden von Berlin«, sagte ich. Möglicherweise sah man mir meine Herkunft sowieso an den Klamotten an, denn alle Ossis auf den Fotos von damals tragen blaue Jacken und lange karierte Hemden. Heute habe ich das Gefühl, dass mich die Unsicherheit nach dem Umbruch ebenso geprägt hat wie die Strenge der DDR-Erziehung. Im Vollzug der Einheit wurde ich mir selbst ein Makel.

Der Trost bestand darin, dass man mit seiner Hilflosigkeit nicht allein dastand. Neben den alten zerfielen auch neue Vorbilder, jeden Tag ein anderes. So schied Ibrahim Böhme aus der Politik. Der freundlich-besonnene Mitbegründer der SDP galt eine kurze lange Zeit als Hoffnungsträger. Dann wurde er als Stasi-Spitzel enttarnt, was der ostdeutschen Sozialdemokratie noch Jahre nachhing. Pfarrer Wolfgang Schnur, auch der Ehemann der Oppositionellen Vera Wollenberger, sogar der Kosmonaut Sigmund Jähn – ihnen allen wurden Decknamen zugeordnet. Ihr Ruf war dahin, auch wenn sie beteuerten, niemandem geschadet zu haben (Woher wollten sie das eigentlich wissen?). Mitten hinein in das Bangen um das Morgen platzte die Erkenntnis, was Gestern alles schiefgelaufen war. Ich fand das richtig, aber registrierte sehr wohl, dass die »Tagesschau« meinen Eltern zuweilen ihre letzte Kraft raubte. Vielleicht deshalb avancierten Gregor Gysi und Manfred Stolpe, die mit advokatischer Kunstfertigkeit allen Vorwürfen widerstanden, zu Helden der alten Generation. Sie fielen nicht um, sondern blieben einfach stoisch stehen. Damals eine seltene Leistung.

Es gab nur einen Ort, an dem man über das Chaos reden konnte – seltsamerweise war es der Unterricht. Im neuen Fach Politische Weltkunde lehrte uns ein engagierter Lehrer mit Pferdeschwanz die Grundregeln der Demokratie, er war jetzt der Agitator. Manchmal staunte ich, wie offen und gleichzeitig fordernd jemand sein konnte, der aus dem Osten kam und als Geschichtslehrer selbst neu anfangen musste. Doch nach einem Jahr verschwand er von der Schule: Stasi-Verdacht. Zwei Tage nach seiner Enttarnung hatte er Geburtstag, ich besuchte ihn noch einmal, wir spielten Billard an einem Tisch, den er sich ins Arbeitszimmer gestellt hatte. Leise kullerten die Kugeln in die Löcher – wir wussten nicht mehr, was wir sagen sollten. Ab der darauf folgenden Woche erklärte uns ein Lehrer aus dem Westen, wie Demokratie geht. Und ich fragte mich: Was ist die eigene Vergangenheit wert? Die der Lehrer und Eltern, Onkels und Omas? Was ist man selbst wert?

Es gab nur eine Lösung: Das Alte musste weg. So schnell wie möglich. Das Pionierhalstuch benutzte ich als Schuhputzlappen. Meine Eltern warfen die 39 Bände der »Marx-Engels-Werke« in den Müll und stellten stattdessen ihre neue Bertelsmann-Lexikothek in die Schrankwand. Sie fragten mich noch, ob ich die Marx-Bände nicht aufheben wolle, ihretwegen auch im Keller. »Was soll ich denn damit?«, antwortete ich hysterisch. Heute, da die Bücher in den Trödelläden von Prenzlauer Berg wieder an Wert gewinnen, bedaure ich das. Damals faszinierte mich nur das Lexikon meiner Eltern. Ich saß vor den nach Leder riechenden Bänden und fragte mich, ob ich das alles wissen müsse, von A wie Aach bis Z wie Zywiec, um zu begreifen, wie das Leben im Westen funktioniert, um im Chaos immer eine Lösung parat zu haben.

Nicht nur Marx und Engels verschwanden, nicht nur die Interflug. Der DDR-Rundfunk, bei dem ich gearbeitet hatte, machte dicht. »Stimme der DDR« nannte sich »Deutschlandsender«, und in Politische Weltkunde lernte ich, dass die Station schon einmal so geheißen hatte – aber da war ich noch nicht geboren. Ehemalige Redakteure, für die ich einst als Schüler Propagandameldungen angefertigt hatte, riefen bei uns zu Hause an und fragten, ob die Familie eine Freizeitunfallversicherung gebrauchen könne. Heinz Florian Oertel war nicht mehr zu hören. Angesichts dessen gab ich meinen Journalisten-Traum auf, wollte Verlagskaufmann werden, irgendwas Sicheres. Doch die Westverlage sagten reihenweise ab. Immerhin der Bauernverlag, ein Überbleibsel aus der Konkursmasse der DDR, lud mich zum Bewerbungsgespräch ein. Ich konnte mir das nur mit meiner Ecksofa-Zeugung im Erzgebirge erklären; in meiner Verzweiflung hatte ich im Bewerbungsschreiben erwähnt, dass meine Wolkensteiner Verwandtschaft mehrheitlich aus Bauern besteht. Doch beim entscheidenden Gespräch konnte ich Fragen zum Zeitpunkt der Rübenernte nicht beantworten. »Sie sind überqualifiziert, gehen Sie studieren«, beschieden sie mir. Ich fühlte mich für die neue Zeit eher unterqualifiziert und brach in Tränen aus, was mir gleich darauf lächerlich vorkam angesichts einer Absage des Bauernverlags. Nun verstand ich besser, wie es meinen Eltern ging. Darüber reden mochte ich nicht. In den neuen alten ostdeutschen Dauerwinselton wollte ich nicht auch noch einstimmen. Stattdessen nahm ich mir vor, die Tränen wegzuwischen und wieder von vorne anzufangen, und, wenn es sein muss, wieder und wieder.

Die Bewerbungen meiner Mutter liefen besser als meine. Sie arbeitete bei einer Wohngeld-Beratungsstelle, dann bei einer Bank am Kurfürstendamm, danach absolvierte sie eine Buchhaltungs-Weiterbildung, war wieder einige Monate ohne Beschäftigung und kam schließlich bei der Bundesversicherungsanstalt für Angestellte unter. Meine Schwester vollendete die zehnte Klasse auf einer Realschule, welche die Vorgängerschule aus DDR-Zeiten bloß im Gewaltpotenzial auf dem Pausenhof übertraf. Später kam sie bei einer Industrieausbildung unter, die vom Arbeitsamt getragen wurde. Jeder bastelte an seinem Lebenslauf, jeder suchte woanders sein Glück, um irgendwann mal erzählen zu können, wie weit er gekommen war im echten Spiel des Lebens. Um sagen zu können: Ich habe einen Grand ouvert auf der Hand.

Bis dahin schien es noch ein weiter Weg. In der Glotze war eine hilflose Gesellschaft zu besichtigen, die auf vermeintlich Schwächere einprügelte. Ausländer - die wenigen, die es überhaupt in den Osten verschlagen hatte - wurden auf den Straßen gejagt, mit neuen scharfen Messern, mit neuen schnellen Autos. In Rostock brannte es im Sommer 1992 in Lichtenhagen, mehr als 100 Vietnamesen kamen fast um im Höllenheim mit Sonnenblumenfassade, draußen applaudierte der Kleingeist. »Brandspuren ziehen durch die Gemeinden / als Ersatz für einen Bruderkrieg«, sang mein alter Held Grönemeyer im Radio, genervt drehte ich ab. Ich schämte mich, es schien mir so, als fehlte etwas Grundsätzliches im ostdeutschen Gefühl. War es verloren gegangen? Hatte es immer gefehlt? Dass kurz darauf drei Türkinnen bei einem Brandanschlag im schleswig-holsteinischen Mölln starben, änderte an dieser Frage nichts. An einer Frage, die im Osten zu wenige bewegte.

Eine »verunglückte Einheit« beschrieb der Hallenser Psychotherapeut Hans-Joachim Maaz schon 1991 als Ursache für Angst und Unsicherheit. In drastischen Worten charakterisierte er die Ostdeutschen, die den aufrechten Gang gelernt hatten, um sich nun wieder zu ducken vor den unbekannten Gesetzen der Marktwirtschaft: »Das innere Freiheitsbedürfnis, das jetzt herausdrängt, bringt uns in Verlegenheit, weil damit die ganz persönliche Unterwerfungsgeschichte unserer Erinnerung wieder droht – und diese Angst wollen wir erfolgreich beschwichtigen, indem wir jetzt hilflos und lächerlich zugleich bemüht sind, möglichst schnell tüchtige Wessis zu werden. Nicht etwa durch einen eigenen Entwicklungsprozeß, sondern vor allem durch neue Autos, durch besseres Geld und Seminare, wie man sich richtig bewirbt, das beschämende Nachahmungsgebaren!« Die Ostdeutschen, so las es sich auch in Maaz' DDR-Abrechnung »Gefühlsstau«, seien ein Fall für die Couch – von Einengung und Anpassung deformiert und auch in der Einheit nicht fähig, sich zu emanzipieren. Eine knallige Analyse, die sich im Nachhinein als nicht ganz falsch herausstellen sollte.

Aber wer besaß damals schon die Zeit, über Emanzipation nachzudenken? Oder die Energie, noch ein Jahr lang Montag für Montag für Montag weiterzudemonstrieren? Natürlich bestand der größte Teil der Einheit aus Anpassung. Und wer sich anpasst, gibt etwas preis, das er zum Leben braucht: Selbstbewusstsein. Das ist keine schöne Erkenntnis, aber logisch, wenn der Anschluss eines Beitrittsgebietes vollzogen wird.

Waren die Ostdeutschen unehrlich, haben sie ihre Vergangenheit zu schnell verdrängt? Für viele mag das zutreffen. Besonders im Verdacht standen natürlich alle, die vorher als staatsnah galten und ihre Gefühle an Ideologie und Karriere verraten hatten. Doch ich möchte selbst Ilonkas Vater – dem einzigen Bonzen, den ich persönlich kannte – eine gewisse Selbstkritik nicht absprechen. Verzweifelt kämpfte er in seiner Akademie um Reputation, ich las in der Zeitung davon, dass Tausende Künstler den Betrieben nachtrauerten, die sie finanziert hatten. Natürlich ging es nach dem Ende des »Klassenkampfs auf künstlerisch-schöpferischem Gebiet« auch um die nachträgliche Rechtfertigung von Privilegien. Gerade die ehemalige Intelligenz musste um ihren Status bangen, auch deshalb fuhr die PDS in Berlin ihre besten Ergebnisse ein. Wie heftig die Abwehrreflexe waren, zeigte sich, als an der Humboldt-Universität mit Hungerstreiks die Weiterbeschäftigung des Stasi-belasteten Rektors Heinrich Fink (»IM Heiner«) durchgesetzt werden sollte. Fast wäre das gelungen, weil sich viele Studenten am Protest beteiligten – ich schrieb mich lieber an der Freien Universität ein. Das Alte musste weg, war meine Parole.

Bei Ilonka zu Hause nahm die Katastrophe viel größere Ausmaße an. Am Telefon berichtete sie mir, dass ihr Vater in stundenlangen Selbstgesprächen bei gleichzeitig laufendem Fernseher versuche, seine Parteihörigkeit im Nachhinein zu verstehen. An manchen Tagen klage er sich selbst dafür an, den guten Sozialismus an einen schlechten verraten zu haben, an anderen sei wieder der zügellose Imperialismus an allem schuld. Zu Konsequenzen rang er sich Ilonkas Schilderungen zufolge nicht durch, erst recht nicht, als Gregor Gysi auf der Bühne des Umbenennungsparteitags von SED in SED/PDS einen Besen schwang und die alten Bonzen zum Neuanfang zusammenrief. So groß könne gar kein Besen sein, um die Schande dieser Partei wegzufegen, schimpften nicht nur meine Eltern. Fast jeder durchschaute, dass sich die Organisation der Unterdrückung nur deshalb nicht auflöste, weil sie ihr Altvermögen retten wollte. Aber immerhin 16 Prozent machten bei der ersten freien Wahl ihr Kreuz bei Gysi. Für Ilonkas Vater und sicher viele andere war sein Besen wohl ein Symbol, dass es nicht nur Vergangenheit gibt, sondern dass es auch für sie weitergeht. Die geistigen Wendeverlierer schlossen sich der Verliererpartei an und begaben sich in eine Gruppentherapie, die selbst unter dem heutigen Namen Linkspartei nicht abgeschlossen ist. Welche inneren Kämpfe ihr Vater führte und welche Schäden das verursachte, konnte ich nur erahnen, als mir Ilonka einige Jahre später nach dem Schnellverbrauch einer ganzen Zigarettenschachtel F6 mitteilte, ihre Eltern würden sich scheiden lassen, weil ihre Mutter den ganzen alten Mist nicht mehr hören könne. Sie war aus der Partei ausgetreten und wollte es darauf beruhen lassen.

Ilonka reagierte anders als ich, aber ebenso konsequent. Sie suchte das Weite. In ihrem Abiturjahr schrieb sie Bewerbungen in alle Welt, um nach unserem Schulabschluss 1994 zu einem Selbsterfahrungstrip namens Freiwilliges Soziales Jahr aufzubrechen. Das Ziel schien zweitrangig, Hauptsache weg. Sie bekam eine Stelle auf einer Pferdefarm auf Island, dort machte sie Reittherapien mit jungen Müttern. In Island gab es sicherlich wenige Menschen, die Fragen stellten nach der Moral im von der Einheit verwirrten Deutschland. Dort gab es sowieso wenige Menschen. Ilonka fand in der Natur eine Zuflucht vor den Ängsten des Umbruchs. So interpretierte ich jedenfalls ihre Briefe: »Der Farmbesitzer steigt jeden Abend mit seiner Frau auf den Hügel hinterm Hof. Hand in Hand betrachten sie den Sonnenuntergang. Das finden sie besser als Fernsehen und Werbung. Ist das nicht romantisch?« Als Ilonka zurückkam, erzählte sie mir, sie glaube jetzt an Elfen.

Den einsetzenden Freizeitwettbewerb in meinem Freundeskreis hatte Ilonka damit immerhin gewonnen. Die Disziplin lautete: Wer schreibt Postkarten aus den entferntesten Gebieten? Ich kaufte mir eine Weltkarte aus einem Hamburger Verlag, hängte sie mir übers Bett und bemühte mich, möglichst zügig alle Kontinente zu bereisen. Auf der Karte, auf der es keine grauen Flecken wie in meinem früheren DDR-Atlas gab, kennzeichnete ich meine neuen Urlaubsorte: Griechenland, Italien, Spanien (ehrlich gesagt: Ibiza). Mit ein paar Kumpels und einer Frau aus dem Jugendklub in unserer Straße, in dem ich vor Ausflügen ins Nachtleben immer Monopoly spielte und selten gezeigte DDR-Filme nachholte (Coming Out, Solo Sunny), begab ich mich auf eine Abenteuerreise nach Frankreich. Rafting, Kanufahrten durch Stromschnellen und eine Disko mit Feuerwerk, alles wohl organisiert und ausgelassen – das war ein DDR-Ferienlager in höchster Vollendung. Der mitgereiste Betreuer aus West-Berlin ernährte sich von ökologischen Lebensmitteln und Marihuana. Die Äpfel schmeckten mir gut, obwohl sie verschrumpelt waren.

Wenn ich auswärts oder im Ausland feierte, vergaß ich die Sorgen zu Hause. So begann ein Leben abseits der Familie, was im Alter von 17, 18 Jahren ja normal ist. Aber angesichts unserer gemeinsamen Vorwende-Geschichte kam es mir ungewöhnlich vor, weil sich die Rollen plötzlich verkehrten. Ich verhielt mich ähnlich wie meine Eltern früher – als ich Fragen stellte nach Mauer und Schießbefehl. Diesmal war ich es, der schwieg. »Was macht denn Ricardo so?«, fragte meine Mutter. »Er schlägt sich durch«, antwortete ich, gar nicht mal gelogen, aber nichts sagend. Vielleicht fühlte ich mich überlegen? Oder wollte ich sie nicht belasten? Eine Wahrheit könnte sein: Ich wurde egoistisch. Für mich war es jedenfalls logisch, dass ich nicht mehr in den Kleingarten fuhr, um mein Erdbeerbeet zu grubbern. Meine Verwandten im Erzgebirge, mir sonst in den Sommerferien stets einige Wochen Urlaub wert, sahen mich über Jahre nicht mehr. Auf der Karte über meinem Bett warteten schließlich fünf Kontinente. Auch wenn die ferne Welt Selbstzweifel nährte, lockte sie doch mit unbekannten Reizen. Die Gesellschaft, in der kein Arbeitsplatz sicher, aber theoretisch auch jeder zu haben war, lebte Vereinzelung vor. Da wir alles nachmachten, suchte ich mein Glück allein.

Bis heute ist eine Verletztheit geblieben aus der deutschen Einheit, in vielen Familien. Auch in meiner. Man hat die Nöte der Eltern verstehen können, man hat sie dafür bemitleidet, dass sie zehn Jahre auf einen Wartburg gespart und gewartet haben, und als er endlich bereitstand, fiel die Mauer, und er war nichts mehr wert. Aber man war mit sich selbst beschäftigt – und sowieso in einem schwierigen Alter, wie mein Vater nun zuweilen aus dem Wohnzimmer ätzte. Kälte, Gleichgültigkeit, Eigennutz rühren bestimmt nicht nur aus dieser sich selbst verzehrenden Zeit. Aber sie traten offen zutage, als die gemeinsam geteilten Träume von Freiheit und Wohlstand zusammenfielen und niemand mehr etwas umsonst bekam. Meine Eltern haben mir vor kurzem ein Video geschenkt mit Ausschnitten aus meinem Leben. In einer Szene bin ich zu sehen an einem Weihnachtstag jener Zeit, wie ich gelangweilt und innerlich abwesend auf der Couch sitze und der Bescherung beiwohne. Es tut mir weh, wenn ich mich so sehe.

Ich schaue subjektiv zurück, natürlich. Es gibt auch andere Wahrheiten über den Umbruch, und sie gehören neben die eigene. Für Jobst Wellensiek, von Beruf Liquidator mit Anwaltspraxis in Heidelberg, zählt rückblickend, dass am Ende keine wirtschaftlichen Risiken mehr eingegangen wurden, dass die Abwicklung von Interflug und anderer Betriebe geordnet vonstatten ging. Der Verkauf russischer Maschinen für eine Mark habe dem Steuerzahler die Verschrottungskosten erspart, die Lufthansa habe 800 der besten Mitarbeiter von Interflug übernommen. »Im Rahmen des Möglichen dürfte das Beste erreicht worden sein«, bilanziert Wellensiek seine Wahrheit. Und der korrekte Anwalt vergisst dabei die andere nicht: »Jeder, der seinen Arbeitsplatz verloren hat, wird kaum von einem Erfolg sprechen können.«

Für die Abiturfeier hatte unsere Schule kein Geld, mit einigen Lehrern organisierten wir sie selbst. Schließlich hatte ich angesichts des familiären Missvergnügens keine Lust, lethargisch zu Hause rumzusitzen. Ich wollte ein erfolgreicher Gesamtdeutscher werden und ein sozialer Mensch bleiben. Ich kaufte Regenwald, spendete Blut, ging zu Podiumsdiskussionen über die Begrünung des Mauerstreifens und demonstrierte bei Lichterketten für Toleranz. Doch als die Demonstrationen immer zahlreicher wurden, Reformen wieder mehr Zeit brauchten und die vielen politischen Angebote unüberschaubar wirkten, bog ich lieber in den Jugendklub ab, in dem sich meine Freunde an Winterabenden an einem alten Kachelofen wärmten, das Spiel des Lebens spielten und – inspiriert von Ilonkas Island-Abenteuer – von einer Zukunft in Australien träumten. Nach dem Abitur und meinen gescheiterten Bewerbungen schrieb ich mich für ein Studium ein, zu dem mich im Grunde mein Stasi-belasteter Weltkunde-Lehrer mit seinen unbekümmerten Demokratie-Stunden motiviert hatte: Politische Wissenschaften an der Freien Universität in West-Berlin. In meiner Einführungsveranstaltung gab es bei mehr als 100 Studierenden drei Ossis. Mein erstes Seminar lautete: Opposition und Widerstand in der DDR. Vielleicht konnte ich ja hier lernen, was mir fehlte.

Da lag sie nun, unsere Geschichte, unser Leben in einer Diktatur, verabreicht auf Thesenpapieren. Gleich in der ersten Stunde meldete sich ein langlockiger Student aus Münster und berichtete, er hätte schon immer gewusst, dass das mit der DDR nichts werden könne, das habe man schon bei den absurden Kontrollen an der Zonengrenze gemerkt. Da war sie wieder, die Selbstgewissheit der Westdeutschen, die ich schon auf meiner Sprachreise nach England beneidet hatte. Noch mehr verwirrten mich Dozenten, die mit dem Zusammenbruch des Sozialismus ihre Utopie verloren hatten. Sie sprachen davon, wie schlimm sie es fänden, dass die Ostdeutschen aus ihren Fahnen das DDR-Emblem herausschneiden würden, wie sehr die »Kolonialisierung Ostdeutschlands« der Dritten Welt schade, wie abstoßend die Konsumgesellschaft doch sei. Ein Haus in den reichsten Gegenden Berlins nannten diese gütigen Männer mit Rauschebart trotzdem ihr Eigen. Die im Westen so berühmten 68er fragten mich, warum meine Eltern und ich nicht für den Erhalt der DDR gekämpft hätten. Ich wusste darauf keine Antwort, denn für mich hatte sich diese Frage gar nicht gestellt. Ich fragte mich eher: Warum tut hier keiner was für eine bessere BRD?

In meinen ersten Semesterferien besuchte ich Ricardo in Frankfurt am Main. Er fuhr mich mit seiner blitzenden Kawasaki zu einem indischen Restaurant. Kaum hatte Ricardo das Essen bestellt, raunte er mir über den Tisch zu, dass es zu viele Ausländer in Deutschland gäbe, man hätte schließlich genug mit sich selbst zu tun. Im Laufe des Abends schimpfte er zu meinem Erstaunen auf alles, was sich in Deutschland bewegte. Besonders missfielen ihm die Ossis, die den Westen bekamen, ohne so mutig gewesen zu sein wie seine ausgereiste Familie. Er haderte auch mit den Wessis, die seine Widerstandsgeschichte nicht hören wollten, jetzt erst recht nicht, wo es sowieso viel zu viele Ossis gab, die einem die Haare vom Kopf fressen. Mein Freund schimpfte auf das ganze Land, das vereint in Unordnung geraten war. Sein nächster Urlaub war ihm wichtig – Malle oder Malta? –, die nächste Loveparade, der Ausgang der Formel-1-Saison, seine Schrankwand mit Couchtisch aus Lavagestein. Ricardo, mittlerweile im Elektroberuf etabliert und mit einem Fernstudium beschäftigt, berichtete von neuen Freunden aus einem Rennauto-Verein, mit denen er sich über CB-Funk verständigte. Zu seinen Eltern, die beide Arbeit gefunden hatten und gut verdienten, wie Ricardo versicherte, pflegte er eine noch größere Distanz als ich zu meinen. Er hatte sich mit 17 eine eigene Wohnung genommen. Diesen Wettbewerb in meinem Freundeskreis hatte Ricardo gewonnen, fernab in Frankfurt am Main.

Wenn man einen Magneten an einen Kompass hält, dreht die Nadel durch und verliert die Orientierung. Viele Menschen müssen nach der Wende einen Magneten bei sich getragen haben, auch solche, von denen ich es nicht erwartet hatte. Mein Freund Ricardo hatte schon alles, was ich mir erst erhoffte. Doch er schien auf eine gewisse Art unzufrieden. Nicht die Angst der Ossis vor der Zukunft schien ihm anzuhaften, sondern die aufkeimende Skepsis vieler Westdeutscher, dass die Einheit sie noch teuer zu stehen kommen könnte. Ihn beschlich die Ahnung, dass auch die Bonner Bundesrepublik, in die er geflüchtet war, an ihr Ende kam.

Der Sozialdemokrat Egon Bahr, der in den Siebzigerjahren die Ostpolitik von Kanzler Willy Brandt organisierte, hat einen klugen Satz gesagt. »Die Ostdeutschen haben immer nach Westen geschaut. Und auch die Westdeutschen haben immer nach Westen geschaut. Ihre Blicke haben sich nie getroffen.« Möglicherweise liegt hier der Kern dafür, dass sich die Einheit nicht wie pures Glück anfühlte, sondern wie eine Enttäuschung über ein von allen Seiten überfrachtetes Projekt. Die DDR, die das Leben für jedes Kind vorgezeichnet hatte, war verschwunden und zur Fußnote der Geschichte degradiert worden. Doch es blieb unklar, welche Form die neue Gesellschaft annehmen würde, obwohl Helmut Kohl dank ostdeutscher Stimmen 1994 noch einmal den Sieg nach Bonn trug. Vor allem private Fragen stauten sich auf: Was bedeutet Familie noch? Welchen Platz möchte man in der BRD bekommen, welcher wird einem zugestanden? Kann man mit Geld alles wettmachen?

Die Sehnsucht nach dem Westen wurde überdeckt von einer Sehnsucht nach Übersichtlichkeit. Und im Osten stellte sich eine Frage, die (wie ich in meinem Politologie-Studium erfuhr) im Westen schon seit Jahrzehnten erbittert diskutiert wurde: Wie viel Freiheit ist möglich, wie viel Sicherheit nötig? Ich war jung und träumte. Nicht in meiner eigenen, sondern von der weiten Welt. Ich war jung und hatte Angst. Nicht vorm Fliegen, sondern vorm Abstürzen.

Fast sieben Millionen Ostdeutsche haben seit der Vereinigung Arbeitsbeschaffungsmaßnahmen, Strukturanpassungen und Umschulungen durchlaufen. Für viele Ältere war es der Start in die Frühverrentung. Die Jüngeren dagegen wagten sich trotz aller Zweifel hinaus aus der vertrauten Umgebung. Wenn sie vor Vergangenheits- und Gegenwartsdebatten zu Hause fliehen wollten, schickten sie Karten aus Island. Andere überspielten eher schlecht als recht die neue Unsicherheit, die sie angesichts ihrer durchorganisierten Kindheit als Qual empfanden. So wie ich. Selbst jene, die wie Ricardo abgehauen waren, befiel neben der Schadenfreude über die abgewirtschafteten Kommunisten eine schleichende Enttäuschung, weil die Veränderung zum Dauerzustand zu werden drohte. Der Westen war eben nicht halb zu haben. Und der Osten nicht kostenlos.

Aus diesen Tagen geblieben sind Endzeit-Geschichten, die ältere Menschen in Ostdeutschland mit niedergeschlagener Stimme an jüngere weiterreichen – Geschichten wie die Abwicklung von Interflug. Diese Erzählungen haben in der kollektiven Erinnerung einen hohen Stellenwert erlangt. Obwohl in Dresden, Leipzig und Rostock ganze Stadtteile renoviert und damit vor dem endgültigen Verfall bewahrt wurden, obwohl neben jedem kleinen Ort im Osten ein Gewerbegebiet und eine neue Kläranlage mit Fördermitteln entstanden, obwohl alte Belastungen auf dem Müllhaufen landeten und im Erzgebirge nach Stilllegung der Fabriken der Wald wieder wuchs. Obwohl die Freiheit fast alles überwog. Trotz alledem entwickelte sich aus Unsicherheit ein ostdeutscher Trotz, den Jüngere und Ältere bis heute teilen. Er entlädt sich immer dann in Jubel, wenn Hansa Rostock oder Energie Cottbus überraschende Siege gegen Fußballvereine von drüben feiern oder die Rotkäppchen Sektkellerei den westdeutschen Konkurrenten Mumm schluckt. Die ersten Geschäfte mit Ostprodukten eröffneten in Berlin wenige Jahre nach der Vereinigung. Heute weisen selbst große Supermarktketten wie Kaisers »Produkte aus der Region« aus. Ein marktwirtschaftlicher Sieg in der Niederlage.

Das Trotzgefühl hilft vielen Ostdeutschen über Verletzungen hinweg, die ihnen vermeintlich der Westen zugefügt hat. Es bewahrt sie auch vor Debatten über die eigene Vergangenheit. Davor, zu fragen, welche Nachbarn für die Stasi horchten und guckten, wie marode viele DDR-Kombinate tatsächlich waren. Wohl auch deshalb erinnere ich mich – wie meine Eltern – deutlich lieber an die Zeit der DDR und den rasenden Umbruch rund um den Mauerfall als an den lähmenden Vollzug der deutschen Einheit. Wo ist die Weltkarte mit meinen markierten Urlaubszielen geblieben?, frage ich mich heute. Ich werfe doch sonst so wenig weg. Haben die Lernanstrengungen mich so viel Kraft gekostet, dass kein Platz mehr fürs Bewahren blieb? Oder ist Unsicherheit das Erste, was vom Gedächtnis gestrichen wird?

Inzwischen ist die Wiedervereinigung erfolgreich verlaufen, zumindest bei den Firmenpleiten. In den Innenseiten der aufklappbaren Visitenkarte von Dr. Jobst Wellensiek sind die Vertretungen seiner Kanzlei für Insolvenz aufgeführt. Von zehn Büros befinden sich fünf im Osten Deutschlands. Wellensiek nimmt seine Brille von der Nase. »Früher lautete meine Aussage: Man kann zufrieden sein, wenn man 50 Prozent der Arbeitsplätze erhält, im Osten 25 Prozent. Inzwischen gibt es diesen Unterschied nicht mehr. Die Verfahren in den alten Bundesländern sind heute genauso schwierig wie die in den neuen Ländern.« Er legt eine Pause ein, lässt sein Fazit verhallen. An manchen Tagen macht den Liquidator seine Arbeit depressiv. Dann schwört er sich abends, aufzuhören und nicht mehr den Kaputtsanierer zu spielen. Am nächsten Morgen steht er auf und macht doch weiter. Warum? Wegen der Menschen, sagt Wellensiek. Er öffnet eine schwere Schranktür und holt einen Pappkarton hervor. Darin liegt ein Flugzeug aus Plastik, eine Iljuschin, beklebt in den Farben der Interflug. Es ist ein Modell, wie es mir früher der Weihnachtsmann bei den Betriebsfeiern im Haus des Reisens überreichte. Jobst Wellensiek hat es zum Abschied von den Interflug-Mitarbeitern bekommen. Er hebt das Flugzeug aus dem Karton. Der rechte Flügel ist abgebrochen.

6.

Neue Nischen.
Eine Generation dahinter

Aus meiner Verwandtschaft war niemand bei der Stasi. Jedenfalls hat das bisher keiner zugegeben. Vor einigen Jahren habe ich einen Antrag auf Einsicht in meine persönliche Akte gestellt, um Hinweise zu finden. Von der Behörde, die am Alexanderplatz in einem abblätternden Betonklotz neben dem ehemaligen Haus des Reisens (Interflug) und dem ehemaligen Haus der Elektroindustrie (Treuhandanstalt) residiert, bekam ich eine abschlägige Antwort: nichts zu finden. Als ich den Brief der Bundesbeauftragten für die Unterlagen des Staatssicherheitsdienstes der DDR öffnete, dachte ich bei aller Erleichterung: Schade, interessiert hätte mich das schon.

Für eine eigene Akte war ich der Stasi entweder zu jung, zu uninteressant oder beides. Zwar gab es mehrere Tausend minderjährige Stasi-Spitzel auf den Schulhöfen, wie sich in den Neunzigerjahren herausstellte, doch ihre Dienste wurden meist in den Ordnern der Eltern abgeheftet. Wer also als jüngerer Mensch seine Familiengeschichte erforschen möchte, muss seine ehemaligen Erziehungsberechtigten fragen, ob sie einen Antrag in eigener Sache stellen. Ich machte den Versuch, als ich mit meinen Eltern einen Spaziergang durch den herbstlichen Park in Pankow unternahm, in dem einst Erich Honecker seine Staatsgäste empfangen hatte und dessen Schlossdomizil nun vor sich hin modert. Während wir über das bunte Laub auf einstmals verbotenen Wegen wanderten, suchte ich nach einem beiläufigen Ton. »Stellt doch mal einen Antrag bei Gauck«, schlug ich vor. »Das heißt jetzt Birthler«, sagte meine Mutter, um die Situation aufzulockern. Sie hatte gleich nach der Wende einen Antrag gestellt und ebenfalls nichts gefunden. Seitdem hat sie sich nicht wieder erkundigt, mein Vater noch nie. Es raschelte unter unseren Füßen, Zeit verstrich. »Was soll das bringen?«, wehrte er ab. Meine Mutter hatte dem nichts mehr hinzuzufügen. Thema erledigt.

Was soll das bringen? Das ist in der Tat die Frage. In der Deutschen Demokratischen Republik gab es 90 000 hauptamtliche und noch einmal doppelt so viele inoffizielle Mitarbeiter bei »Horch und Guck«. Der nette Kommissar aus der Nachbarschaft, vor dessen Neugier sich die Leute in der Einkaufsschlange hinter vorgehaltener Hand gewarnt hatten, dürfte nicht der Einzige sein, den ich kenne. Jeder 50. DDR-Bürger hat gespitzelt, dafür Geld und Privilegien erhalten und dabei selbstverständlich niemandem geschadet. Auf jeder größeren Familienfeier, in jedem fünfstöckigen Mietshaus, in jedem Sportverein kommen 50 Leute zusammen. Statistisch war überall einer dabei.

Wie würde heute ein Familienfest aussehen, bei dem ein Onkel am Tisch sitzt, von dem alle wissen, dass er bei der Stasi war? Vielleicht würde er gar nicht erst eingeladen, vielleicht würde er in sich versunken am Rande sitzen oder – extra in der Mitte postiert – besonders laut über unverfängliche Dinge lachen. Die anderen, womöglich Opfer seiner Nebentätigkeit, würden anders als früher mit ihm reden und hätten dazu viele Möglichkeiten – vorsichtig, misstrauisch, herablassend. Wie auch immer die Tonart ausfallen würde: Dass alles ganz normal wäre, so wie immer, ist wohl nicht anzunehmen. Die Gewissheit wäre mit keinem Wort und keiner Geste wegzuwischen, sie könnte nur allmählich hinter neue gemeinsame Erlebnisse treten. Auch die Mauer am Kleingarten, über die meine Familie nicht sprach, wurde ja irgendwann Alltag. Vollkommen normal war sie dennoch nie.

Ich denke, meine Eltern haben Angst um unsere Familienfeste. Obwohl sie sich persönlich nichts vorzuwerfen haben – schließlich hatten sie zu DDR-Zeiten genügend Ärger –, wollen sie es lieber nicht so genau wissen. Wenn wir zusammensitzen unter den Pfirsich- und Apfelbäumen am Gartenteich, wollen sie nicht darüber nachdenken müssen. Sie möchten einfach darüber lachen, dass ich mal Erich Honecker werden wollte, sich darüber ärgern, was die Merkel jetzt schon wieder verbrochen hat, und beim Bier unseren Verwandten von den Schnippchen berichten, die sie einer störrischen Bundesbehörde geschlagen haben. Ich kann meinen Eltern wirklich nicht verdenken, dass sie sich das nicht kaputtmachen wollen. Denn diese Welt haben sie sich mit eigenen Händen aufgebaut und sie durch harte Umbrüche gerettet.

Tante, warst Du bei der Stasi? Diese Frage würde ich niemals stellen, denn dann säße ich am Rand. Was sollte ich schon entgegnen auf die mögliche Gegenfrage, wie ich das überhaupt einschätzen könne? Ich sei doch viel zu jung gewesen, um echte Konflikte aushalten zu müssen, um möglichen Erpressungsversuchen zu widerstehen, würde wohl die Widerrede lauten. In solch einem Moment wäre die Illusion nicht mehr aufrechtzuerhalten, dass wir die über alle Generationen hinweg unzertrennlichen Ostdeutschen sind, die den Wessis gemeinsam vorhalten könnten, dass sie keine Ahnung von unserem Leben hätten. In diesem Moment würden wir uns selbst fremd vorkommen und mit Hilfe der Schlagworte, die wir in den jahrelangen Gysi-Stolpe-Debatten gehört haben, grob miteinander umgehen. Bei aller Neugier möchte ich das nicht.

Da liegt sie nun, unsere gemeinsame Vergangenheit, und wird liegen gelassen. Jede kritische Frage wäre nicht nur ein Angriff auf die Vergangenheit der Älteren, sondern auch auf deren Gegenwart, in die so viel Vergangenheit eingraviert ist. Wie viele Eltern haben wirklich Einsicht in ihre Stasi-Unterlagen genommen und mit ihren Kindern darüber gesprochen? In meinem Freundes- und Bekanntenkreis ist mir niemand begegnet. Einen Verrat zu befürchten ist das eine, den Mut zu haben, ihn aufzudecken, das andere. Und die meisten erwachsenen Kinder fragen lieber nicht nach. Denn was wäre wenn? Moralische Urteile wären zwar schnell bei der Hand, aber fällte man sie auch über jene, die einem am nächsten stehen? Darf man sich wirklich eine Meinung bilden über Entscheidungen, die unter Umständen getroffen wurden, die man zu Schulzeiten bestenfalls erahnen konnte? Wie viel hätte man selbst in Kauf genommen, um seinen Traumberuf Sportreporter ausüben zu können? Wie viel hätte man tatsächlich riskiert, hätte der Umbruch einem diese Entscheidungen nicht abgenommen?

Es fehlen mir nur wenige Jahre Leben, und alles wäre anders verlaufen. Schon die Generation der 40-Jährigen hat mehr Zeit in der DDR verbracht als in diesem neuen Land, fast alle haben erste Zugeständnisse hinter sich. Neulich hat der Maler Neo Rauch, 1960 in Leipzig geboren, in einem Interview erzählt, dass er sich »rückblickend in außerordentlich opportunistischen Lagen beobachten kann«. Für einen Platz an der Kunsthochschule sei er selbstverständlich drei Jahre zur Nationalen Volksarmee gegangen. Aus seinen sinnlich-phantastischen, aber sehr gegenständlichen Bildern spricht bis heute eine zarte Bitternis – die habe zu DDR-Zeiten in alles hereingespielt, sagt Rauch, »auch in das Schöne«. Mittlerweile wird Rauch für seine Zwischentöne per Pinselstrich weltweit gefeiert. Er stellt in Amsterdam und New York aus, bei Auktionen erzielen seine Werke bis zu einer halben Million Dollar. Im Westen Deutschlands fühlt sich der Star der »New Leipzig School« allerdings nicht verstanden, dort halten ihm viele eine Ästhetik des sozialistischen Realismus vor. Neo Rauch formt dazu einen Satz, der das ostdeutsche Lebensgefühl, selbst im Erfolg zweiter Klasse zu sein, auf den Punkt bringt: »Dass das hier eine Ostnummer ist, das werden sie uns bis in alle Ewigkeit drüben übel nehmen.« Sie. Drüben.

Auf dem Plastiktisch unseres Kleingartens sind viele Dinge von der DDR geblieben. Ich sitze in der von Knöterich überwucherten Schattenecke zwischen meiner Verwandtschaft und rühre mit einem biegsamen Aluminiumlöffel, auf dem hinten ein überholter Einheitlicher Verkaufspreis »EVP –,46« steht, in meiner Kaffeetasse. Die »Beste Bohne« von Tchibo vermengt sich in meiner Tasse mit zwei Schüssen Sahne aus runden aufreißbaren Plastikschälchen. Früher gab es nachmittags in der Schattenecke Mokka-Fix, wenn der nicht verfügbar war, musste der bittere Rondo herhalten, der war allemal erträglicher als Kaffee-Mix – »Erichs Krönung«, wie die Mischung aus Kaffee, Malz und Zichorie nicht nur von meinen Eltern genannt wurde. Geblieben aus diesen Zeiten sind die 46-Pfennige-Löffel, der Name »Erichs Krönung« für zu dünnen oder nach Ersatzstoffen schmeckenden Kaffee und der wunderbar saftige Duft des Kuchens meiner Mutter – mit selbst geernteten und entsteinten Kirschen, nach einem Streuselrezept, das sich zum Glück nie ändern wird. Wenn es meinen Tanten und Omas schmeckt, sagt niemand etwas. Die Vögel landen auf den Bäumen oder giggeln vom Stromkabel herunter. Wieder ist es ein idyllischer Tag in der Kleingartenanlage »Rosenthal Süd«. Nun erhebt mein Vater das Wort und berichtet, welche leckeren Steaks es am Abend zu essen geben wird, wenn er den Grill anwirft. Heutzutage würden sie schon vorgewürzt im Supermarkt liegen, das sei ja nicht schlecht gemacht. Ein vorfreudiges Hmmm! entweicht der Runde, dann klappern wieder die Tassen und Löffel. »Keinem soll es schlechter gehen«, ruft mein Vater – ein alter Einheitsspruch von Helmut Kohl. Es wird noch einmal »Beste Bohne« nachgeschenkt, meine Eltern lächeln sich an und nippen an ihren Tassen. Sie trinken ihren Kaffee schwarz, wie immer.

Im Verhältnis der mehrheitlich gewendeten Generation zu ihren Eltern sind viele Diskussionen von vornherein ausgeschlossen: Neben den Fragen nach dem Früher hat sich auch der Streit über das Morgen verflüchtigt. Denn beides zu trennen ist eine Kunst, die mir bislang nicht gelingen will. Nach dem Kuchenessen in der Schattenecke wage ich einen neuen Versuch, weil Brandenburgs polternder CDU-General Jörg Schönbohm öffentlich die Proletarisierung in Ostdeutschland beklagt hat. Veranlasst dazu hat ihn die mutmaßliche Tötung von neun Neugeborenen durch eine Mutter in Brieskow-Finkenheerd; die Babykörper verscharrt in Blumenkästen und einem Aquarium. Schönbohm argumentierte, dass gerade die Landbevölkerung in Ostdeutschland vom SED-Regime »verproletarisiert« worden sei. Damit sei ein »Verlust von Verantwortung für Eigentum und für das Schaffen von Werten« einhergegangen. Dadurch habe sich eine Gleichgültigkeit entwickeln können, die Gewalttaten vereinfacht habe. »Der macht uns alle zum Massenmörder«, empört sich meine Verwandtschaftsrunde, nachdem ich das Thema aufgebracht habe. Pause. »Auch wenn er das nicht hätte mit den toten Babys verknüpfen sollen: Gibt es nicht trotzdem eine Verrohung im Osten?«, frage ich zaghaft an. Wieder ist es einen Moment lang still. Dann fällt gleich mehreren Onkels und Cousinen ein, dass Schönbohm zwar in Brandenburg geboren, aber im Westen aufgewachsen sei und darum keine Ahnung vom Osten habe. Überhaupt sei es empörend, dass immer die DDR schuld an allem gewesen sein soll, was in dieser Ellbogen-Gesellschaft schieflaufe. Als ich frage, was denn dann der Grund dafür sei, dass es im Osten nur wenig Bürgerdenken gebe, ob frühere Hort-, Haus- und Arbeitsgemeinschaften nicht auch etwas Zwanghaftes hatten, verabschieden sich die Älteren nach und nach in die Laube, um meiner Mutter beim Vorbereiten des Abendbrots zu helfen, oder unter die Obstbäume, wo sie sich von meinem Vater die Wasserweiche zeigen lassen, die er gebaut hat, um alle Teile des Gartens gleichzeitig mit Regenwasser zu versorgen. Am Ende sitze ich mit meiner Diskussion alleine da.

Bei Geburtstagsfeiern redet man nicht über Politik. Das hat meine Mutter schon früher immer gesagt. An diese Mahnung muss ich denken, während ich jetzt einige Gartennachbarn begrüße, die gekommen sind, um die selbst gemachte Rosenbowle meiner Mutter zu kosten. Es wird wieder viel gelacht, noch einmal wird die Geschichte zum Besten gegeben, wie meine Schwester an der Mauer ein Signalkabel ausbuddelte und im Tarntrabbi der Grenztruppen zur Laube gebracht wurde. Mit jeder Stunde und jeder Runde wird die Unbeschwertheit unter den Pfirsichbäumen leichter. Als das letzte Steak vertilgt ist, gehen in der Dämmerung die kleinen Nachtlampen an, die meine Eltern an den Wegen postiert haben und die nun die aufgeladene Sonnenenergie des Tages behutsam abgeben. Die Grillen beginnen ein vielstimmiges Konzert, am Tisch sind die netten Themen an der Reihe. Jetzt geht es darum, welche Freundin ich denn wohl als Nächstes in den Garten mitbringen werde, die Ilonka sei doch immer so nett gewesen, aber die Eltern, nun ja. Es wird auch erzählt, dass die leckeren Halloren-Kugeln neuerdings in den alten DDR-Verpackungen erhältlich sind, weil sich das besser verkauft. Diese Ruhe zu stören, gehört sich nicht. Es ist unhöflich.

Damit kein falsches Bild entsteht: Meine Eltern haben nichts gegen das neue Land, und ich habe nichts gegen meine Eltern. Sie sind froh, dass sie alle für Laubenpieper unentbehrlichen Geräte im Gartencenter bekommen, das direkt hinter dem ehemaligen Mauerstreifen auf Kundschaft aus den östlichen Kleingartenanlagen wartet. Ich bin glücklich, dass sie sich inzwischen mehr gönnen als zur Wendezeit, in der sie aus Angst vor der Zukunft nicht nur Aluminiumlöffel, sondern auch alle verbogenen Schneidebretter aus Plaste zusammenhielten, weil man ja nie wissen könne, was noch alles komme. Es macht sie zufrieden, dass sie nicht mehr beim Fleischer anstehen müssen, um etwas für den Grill zu besorgen. Meine Eltern reisen gerne mit dem geräumigen Auto an den Fuß jedes Gebirges, das sich erwandern lässt, folgen auch regelmäßig den traditionellen westdeutschen Reisespuren nach Italien. Dort hat meine Mutter eine Vorliebe für frisches Olivenöl entdeckt, mein Vater brachte das Wort »Grazie« mit, das er seitdem stets in einem italienischen Restaurant in Pankow beim Bezahlen der Rechnung anbringt. Meine Eltern haben sich eingelebt ins System, wie sie das früher auch getan haben. Mit der Akribie von einst nerven sie die Bürokratie mit sorgsam ausformulierten Beschwerdebriefen. Sie haben die neue Amtssprache gelernt und suchen sich ihre Zugverbindungen im Internet heraus. Das macht mich stolz, denn wie leicht wäre es gewesen, nach dem Einheits-Interflug-Überforderungs-Schock frustriert in die Couch zu sinken, die zu Westgeld umgerubelten Sparkonten zu plündern und sich bis auf Weiteres vom Sozialstaat aushalten zu lassen. Meine Eltern haben stattdessen noch einmal dazugelernt und von vorne angefangen – in einem Alter, in dem andere in Ruhe ihren Lebensabend in der Eigentumswohnung vorbereiten. Sie haben sich durchgesetzt, auf ihre Art. Doch sie sind nicht so assimiliert wie ich, sie trauen der im Grundgesetz garantierten freiheitlich-demokratischen Grundordnung und der sozialen Marktwirtschaft nicht. Sie wollen das nicht.

Die jüngeren Ostdeutschen wollen das. Gleich nach meiner ersten England-Reise begann ich damit, den selbstbewussten und bunter gekleideten Westdeutschen nachzueifern – sie zu überholen, ohne sie einzuholen. Dazu musste man sich von seinem Umfeld emanzipieren, von den Eltern lösen. Um sie nicht zu verletzen, lernte man, Befindlichkeiten zu meiden, Diskussionen gar nicht erst aufkommen zu lassen. Die doppelte Sprache aus DDR-Zeiten, auch das Schweigen über offensichtliche Dinge – nun waren sie wieder nützlich. Tante, warst Du bei der Stasi? Das bleibt undenkbar, weil die im Inneren verborgene Vergangenheit verletzend genug sein kann. Warum sitzt Du zu Hause und jammerst, anstatt in den Westen zu gehen? Das bleibt unausgesprochen, weil schon zu viele Hoffnungen die Heimat verlassen haben, weil der Alltag der Zurückgebliebenen anstrengend genug ist. Die Emanzipation von den Eltern ist kein Protest, kein bohrendes Nachfragen, wie es von den 68ern und ihren Nachfolgern überliefert wird. Es ist ein stilles, beharrliches Andersleben, ein Selbermachen ohne Erklärung. Das führt dazu, dass man nicht immer Zeit für andere hat, selbst wenn sie einem nahestehen. Das Aussteigertum ist eigentlich ein Aufsteigertum, verpackt in einen Wattebausch Respekt für die Daheimgebliebenen. Der äußert sich im Kaufen von Ostprodukten, dem gemeinsamen Schimpfen auf Ungerechtigkeiten des Westens, dem rhetorischen Hochhalten der sozialen Tugenden made in GDR. Wenn man böse wäre, könnte man sagen, hinter Aufsteigertum und Respekt verbergen sich in Wahrheit kalter Egoismus und ein Schuss billiges Mitleid. Ja, in der stillen Emanzipation liegt auch Eigensinn, den man praktischerweise nicht thematisiert. Aber immerhin ist diese Emanzipation nicht so anklagend wie die der 68er.

Wann begann die Zeit, in der Ostdeutschland sich teilte? So viele Jahre gab es die DDR-Zwänge, mit denen zwar jeder verschieden umging, die man aber immerhin zusammen zu ertragen und zu verstehen hatte. Ebenso kollektiv wurden die berauschende Wende und die Ernüchterung der Vereinigung erlebt. Erst am Ende dieser Erlebniskette, nach dem Wiedersehen der Kombinatskollegen auf dem Arbeitsamt oder in Umschulungsgruppen, trennten sich viele Wege. Nun musste jeder selbst sehen, wo er bleibt. Es war sogar unsicher, ob die Kleingartenanlage meiner Eltern den Umschwung überstehen würde. Pläne einer Verlängerung der Berliner Stadtautobahn über den ehemaligen Mauerstreifen hinweg und durch die grüne Idylle hindurch wurden erst nach mehreren Jahren banger Proteste verworfen.

In unserer Familie war die Zeit des separaten Neuanfangs gekommen, als ich mein Studium begann und darin das politische System der Bundesrepublik kennen lernte und viele erschütternde Fakten über die DDR erzählt bekam. Plötzlich stellten sich Fragen, die mich auch persönlich berührten: Warum haben sich so wenige Ostdeutsche vor 1989 für die Freiheit engagiert? Warum ist die Mehrheit, nachdem sie doch ihre Nischen kurzzeitig verließ und den Umbruch erzwang, schnell zurückgekehrt in die kleine Welt des Ostens und dort in Depressionen versunken? Diese Fragen habe ich in Seminaren eifrig diskutiert, zu Hause nicht. Meine Eltern hatten sicher andere Sorgen.

Ich begann ein eigenes Leben. Mit der U-Bahn fuhr ich jeden Morgen vom Nordosten in den Südwesten Berlins, wo sich die Hörsäle der Freien Universität zwischen idyllischen Villen erhoben, wo über alles gestritten werden und gegen alles polemisiert werden durfte. Noch wohnte ich zu Hause, doch ich fand mehr und mehr Gefallen an der unbekannten Welt am anderen Ende der Stadt. Mich faszinierte nicht nur das institutionalisierte freie Denken, sondern vor allem die Lässigkeit, mit der meine westdeutschen Kommilitoninnen und Kommilitonen freitags geschlossen zu Hause blieben. Ich, der ich noch das samstägliche Zur-Schule-Gehen kannte, fand mich dann in blanken Hörsälen wieder und nahm mir vor, nach meinem Grundstudium ebenfalls die Vier-Tage-Woche einzuführen. Meine Eltern, mit der Neuordnung ihres eigenen Lebens beschäftigt, bekamen mich trotz meiner sorgfältig dosierten Wenigerarbeit kaum zu Gesicht. In meinem Zimmer stand jetzt ein eigener Fernseher – zu DDR-Zeiten unvorstellbar. Meine Lieblingsvideos holte ich mir aus dem Mediaverleih, einem der ersten neuen Geschäfte in Pankow. Geld für eine eigene Wohnung hatte ich nicht, deshalb versuchte ich mein Zimmer als eigene Wohnung zu begreifen. Ich sah dort die Spiele der Fußball-Weltmeisterschaft 1994, viele Schulfreunde kamen vorbei zum Public Viewing auf 18 Quadratmetern. Wir bejubelten jedes deutsche Tor mit La Ola. Ein Zimmer weiter saßen meine Eltern und sahen dasselbe Spiel. Sie hörten durch die Wand unseren Jubel. Nach dem Abpfiff ging ich mit meinen Kumpels runter in die Kneipe. Dabei hätten meine Eltern sicher noch Bier im Haus gehabt.

Bis heute waren meine Eltern nie auf einer Party, die ich immer am Samstag nach meinem Geburtstag ausrichte. Sie kamen mit meinen Verwandten stets am Festtag selbst zu Kaffee, Kuchen und Kartoffelsalat – so wie es früher auch zu Hause war. Ricardo hat mir erzählt, dass er es genauso hält. Nur seine Frankfurter Freundin Flavia fand das anfangs komisch. Für sie und ihre Freundinnen ist es bis heute selbstverständlich, dass sich Eltern bei den Feten ihrer Kinder unters junge Volk mischen oder mal mit ihren Sprösslingen nett ins Theater gehen. Für mich kommt das nicht in Frage, und ich bin immer davon ausgegangen, dass meine Eltern das genauso sehen.

Emanzipation – das ist doch normal! Es wirkt lächerlich, dass man mit 18 seinen eigenen Weg geht und sich heute darüber wundert. Doch für mich war es ein Schnitt unter Schmerzen. Die Lehre aus der Schulerziehung war doch, dass man – wie beim Brettspiel »Überholen ohne einzuholen« – so lange bei und mit den Eltern sein Leben teilte, bis man die Armee absolviert hatte, sich mit Frau im Arm und Kind im Anmarsch auf den Weg zum Traualtar machte und eine kleine eigene Wohnung mit Ofenheizung zugewiesen bekam. Eine Abnabelung ohne staatliche Hilfe und elterlichen Rat war nicht vorgesehen. Nun aber stand sie an, wollte man die Möglichkeiten, die auf der Straße lagen, nutzen. Schließlich wohnten die westdeutschen Studenten, die ich montags bis donnerstags kennen lernte, längst in von ihren Eltern gesponserten Wohngemeinschaften mit demokratisch austarierten Abwaschwochenplänen und eigener Gasheizung. So luxuriös wollte auch ich leben, mich zum sozialkritischen Geist in einer cool eingerichteten und selbst erwirtschafteten Wohnung entwickeln. In stillen Momenten fragte ich mich dennoch, ob ich nicht einen Fehler begehe. In meinem Tagebuch vom Februar 1995 lese ich heute: »Mein Leben ist so leicht geworden, so leicht, daß man keine langfristigen Ziele mehr hat, daß man immer woanders hingeweht wird. Diese Leichtigkeit ist so schön und so zermürbend.«

Rückblickend erscheinen mir meine Eltern erstaunlich tolerant. Sie ließen mir jede Zeltfahrt durchgehen, obwohl sie wochenlang nicht wussten, wo ich steckte, und obwohl ich, wie mein Vater noch manchmal betonte, gerade erst volljährig geworden war. Meine Mutter stellte mir nach jedem Partysamstag das Frühstück auf ihren Mittagstisch. Es waren die Momente, in denen sie fragten, wie es mit dem Studium voranginge, was denn die Schulfreunde machen würden, die mich noch ab und zu abholten. Die Unterhaltungen blieben so knapp wie möglich, die wichtigsten Informationen – Seminararbeit fertig, Ilonka nach ihrem Island-Abenteuer jetzt Medizinstudentin, Marcus Praktikum in Argentinien – hinterlegte ich im Kurzformat. Danach war wieder eine Woche Ruhe, in der ich mit mir beschäftigt war, interessiert daran, in Bibliotheken noch mehr über die Westarbeit der DDR-Staatssicherheit zu erfahren und darüber hinaus Kontakte zu knüpfen in die West-Berliner Erlebniswelt. Beides versprach Erfolg im selbst aufgestellten Lehrplan »Gesamtdeutsch werden«.

Meine Eltern dagegen kämpften sich nur mit Mühe aus dem Gröbsten heraus, sie schienen mir mit jedem Rückschlag von neuem zu zweifeln. Jeder offizielle Brief – dazu gehörten auch Werbeschreiben von Versicherungsagenturen und Krankenkassen – ließ sie eine weitere Schikane vermuten. So deutete ich manch wütenden Kommentar über die AOK oder die Allianz. Mein Vater hatte sich einen Ordner angelegt, der jetzt neben der Lexikothek in der Schrankwand stand, beschriftet mit dem Stichwort »Papierkrieg«. Welche Probleme sie genau hatten, sagten sie nicht. Auch sie teilten mir lediglich Ergebnisse mit – neue Arbeitsbeschaffungsmaßnahme, kein Kindergeld mehr –, das war alles. Man hat sich unauffällig voneinander entfernt.

Meine Einheitsdepression hatte sich nach zwei Semestern angestrengten Lernens und Feierns verflüchtigt. Ich saugte alles auf, was ich an Neuem kriegen konnte. Bei Ikea lernte ich, dass auch bunte Sachen billig sein können, dass es gar nicht so viel Geld für eine Wohnung braucht. In Schöneberg trank ich nachmittags Milchkaffee und aß abends Döner – beides war in meinem Heimatbezirk Pankow Mitte der Neunziger noch nicht erhältlich. Während der Jugendklub-Fahrt nach Frankreich lernte ich, lässig zu sitzen, wenn man Wein trinkt – mit ausgestreckten Füßen und seitlich auf der Stuhllehne abgestütztem Ellenbogen. Und ich eignete mir die Erkenntnis an, dass Rosenthaler Kadarka zwar als liebliches bulgarisches Gesöff, keineswegs aber als Wein einzustufen ist. Ich kaufte mir einen Computer und versank in Strategiespielen und Grafikprogrammen – die Schreibmaschine meiner Mutter, auf der sie erst ihre Bewerbungen und nun ihre Beschwerdebriefe an den Vermieter formulierte, brauchte ich nicht mehr. Ich versuchte, im Schnelldurchlauf eine westdeutsche Pubertät nachzuholen und zu einem gesamtdeutschen Erwachsenen zu mutieren, der selbstverständlich auch über Nato-Doppelbeschluss, Barschel-

Tod und RAF-Terror parlieren konnte. Ich ließ meine Familie allein, weil ich sonst mein selbst auferlegtes Lernpensum nicht geschafft hätte.

Erst jetzt habe ich erfahren, wie lange mein Vater zeitgleich für die Ost-West-Lohnangleichung in seinem Betrieb kämpfte. Nun erst weiß ich, wie verzehrend der Bewerbungsmarathon meiner Mutter von Umschulung zu Umschulung tatsächlich war. Es hat viele Jahre des Umgehens und Umschweigens bedurft, um sich in der Schattenecke bei Sonntagskaffee und Kirschkuchen gegenseitig so viel Offenheit zuzugestehen. Eine ehrliche Diskussion am Küchentisch über die geteilten Träume erschien uns bis dahin unmöglich, nicht sonntags, und erst recht nicht an den stressigen Wochentagen, an deren Ende jeder sein Abendbrot allein zu sich nahm.

Schnell war ich im Westen zu Hause. In der Studentenzeitung der Freien Universität schrieb ich über Asta-Wahlen, politische Strategiespiele und neu erschienene Geschichtsbücher. Ich besorgte mir einen Nebenjob auf einem Wochenmarkt in Schöneberg, wo ich Tee verkaufte, um mir eine eigene Wohnung leisten zu können, und in der Pause amerikanische Muffins aß, weil mir die Verkäuferin so gut gefiel. Am Wochenende bejubelte ich Hertha BSC – die waren mir trotz des zugigen, oft spärlich gefüllten Olympiastadions sympathisch, nachdem sie für das erste Spiel nach der Maueröffnung allen Ost-Berlinern freien Eintritt gegen Wattenscheid gewährt hatten. Ich führte ein Leben hinter der ehemaligen Mauer. Nur meine erste eigene Wohnung besorgte ich mir im Ostteil Berlins. Dort war es billiger, und meine Freunde wohnten um die Ecke. Als ich auszog, waren meine Eltern gerade im Urlaub. Sie ließen mir eine Mietbürgschaft da. So zeigten sie mir, dass ich im Notfall auf sie zählen kann. Ich habe das stillschweigend zur Kenntnis genommen.

Das Treiben meiner Eltern beobachtete ich fortan aus noch größerer Ferne. Ich sah, dass sie sich ein neues Auto anschafften und den im letzten DDR-Jahr nach langem Warten erstandenen Wartburg für ein paar D-Mark weggaben. Ich bemerkte bei einem Sonntagsbesuch, dass mein Vater eine neue Arbeitstasche in den Flur gestellt hatte und sich neue Hemden bei Versandhäusern bestellte – auch für ihn schienen die Anforderungen zu steigen. Ich registrierte, dass sich Lehrbücher zu Hause stapelten. Sie suchten ihre eigenen Erfolge, nahmen den Kampf mit den neuen Institutionen auf. Jeder kleine Etappensieg wurde mit Rotkäppchen-Sekt begossen, selbst der Kauf einer Videokamera. Über Niederlagen fiel kein Wort. In ihr Wohnzimmer bauten sich meine Eltern eine kleine Bar ein. Keinem sollte es schlechter gehen.

Heute leben wir gemeinsam in verschiedenen Welten, wenn auch nur einige Straßenbahnstationen voneinander entfernt. Wenn ich in den Garten meiner Eltern komme und das quietschende Metalltor an der Brombeerhecke aufstoße, betrete ich ein Refugium, in dem bei Familienfeiern über Ernteklima und Grillsteak, aber bestimmt nicht über Lebensentwürfe von damals und heute geredet wird. Nur manchmal, wenn steigende Steuern und Benzinpreise selbst den Unterhalt des Kleingartens verteuern, zischt ein »Die spinnen jetzt total« über den Tisch und stößt allseits auf beifälliges Kopfnicken, denn jeder scheint zu wissen, wer »die« sind. Danach geht es wieder um wichtigere Dinge: Urlaubserlebnisse, Familienfotos, Kinder und Kindeskinder.

Unpolitische Rückzugsräume, aus denen heraus man gut »auf die da oben« schimpfen kann, gab es schon in der DDR.

Heute werden diese Räume rekonstruiert, sei es zu Hause, im Garten, selbst im Auto. Die neuen Nischen sind eigentlich die alten – und vom Westen aus betrachtet mögen sie aussehen wie normale Stätten privater Ablenkung und Erholung. Doch sie sind mehr als das. Wie einst tragen die Nischen eine bewusste Nichtstaatlichkeit in sich. Zu DDR-Zeiten wirkte dies teilweise befreiend, vorgegebene Grenzen ließen sich mit der Ausweitung der Rückzugsräume versteckt verschieben. Auch heute ist das Refugium meiner Eltern hinter dem quietschenden Gartentor ein bewusst nichtöffentlicher Raum.

Die neuen Nischen werden ausgeschmückt mit ostdeutschen Erinnerungen und neuen technischen Geräten. Neben der Badewanne, die meine Eltern vor 30 Jahren an der Schattenecke in die Erde einließen und in der ich mit meiner Schwester um die Wette tauchte, haben meine Eltern eine Dusche installiert, in der Wasser mit Solarenergie gewärmt wird. Die Wasserweiche unter den Obstbäumen ist sicher nicht das letzte technische Wunderwerk, das mein Vater mit einer Mischung aus Improvisationskunst und Baumaterial vom Gartencenter gezimmert hat.

Auch in der Wohnung meiner Eltern hat die wissenschaftlich-technische Revolution gesiegt. Herzstück ist ein Fernseher, mit dem sie sich per Satellit sowohl in das irakische Regierungsfernsehen als auch in türkische Musikkanäle einwählen können. Manchmal schalten sie sich auch in die Radioprogramme der Astra-Welt und lauschen beim abendlichen Rotwein Volksmusik-Melodien aus Südtirol. Sie nennen ihr wechselndes Programm liebevoll »Ide-Sat«. Wenn sie genug gesehen haben von der weiten Welt, kehren sie zurück zum Mitteldeutschen Rundfunk oder dem Rundfunk Berlin-Brandenburg, zum ostdeutschen Heimatprogramm.

Kein glitzernder Traum vom Westen ist dort zu besichtigen, sondern Kost von früher, bekömmlich arrangiert und als frische Ware aufgetischt. Im MDR, beliebtestes Regionalprogramm östlich des Harzes, laufen alte Schlager und Defa-Filme, das lokale Nachrichtenstudio erinnert frappierend an die »Aktuelle Kamera«. Und im RBB entdeckte ich zuletzt den »Gernsehabend« zum Thema »Der Todesflug der Iljuschin – Absturz bei Königs Wusterhausen 1972«. Im Osten wird mehr gerngesehen als im Westen.

Ich fürchte, ungerecht zu sein, wenn ich das alles schreibe. Ich bin froh, dass meine Mutter inzwischen besser mit Digitalkameras umgehen kann als ich, dass mein Vater mir an seinem bei Tchibo erstandenen Laptop aus alten Familienfilmen eine CD-Rom mit den Bildern meines Lebens brennt. Ich bewundere, mit welcher Hartnäckigkeit meine Eltern der Arbeitslosigkeit entkommen sind, mit wie viel Detailversessenheit und Hingabe sie ihren Kleingarten von einem riesigen Gemüsebeet in eine lässige, ökologisch bewässerte Blumenoase verwandelt haben – alles richtig, alles zu seiner Zeit. Nein, meine Eltern gehen nicht mehr auf der alten Seite, wie ich es ihnen manchmal in Gedanken vorwerfe, wenn sie keine Lust haben, über die Stasi zu reden. Sie sind einfach zu praktisch veranlagt, um das Alte wegzuschmeißen oder zu hinterfragen.

Keinem soll es schlechter gehen. Das Versprechen hat sich materiell für meine Eltern erfüllt. Deshalb tun in unserem Garten die Blechlöffel zum Preis von 46 Ostpfennigen ebenso ihren Dienst wie eine moderne neue Kaffeemaschine und das Gartenhandy meiner Mutter. Voll und ganz für die neue Seite können oder wollen sich meine Eltern trotz dieser Fortschritte nicht entscheiden. Vom Berliner Kulturprogramm halten sie sich fern, Freunde aus der neuen Zeit haben sie kaum. Sie sitzen am liebsten mit alten Bekannten zusammen, manchmal laden sie Kollegen ein. Mir scheint es, als wollten sie sich ihre Welt übersichtlich halten und vor der Ungewissheit der gesamtdeutschen Globalisierung schützen. Vielleicht ist alles andere auch zu viel verlangt nach fast 40 Lebensjahren DDR.

Es gibt viele Feststellungen der älteren Generation, gegen die man als junger Mensch schwer etwas sagen kann. Es sind Gewissheiten, die aus eigenem Erleben geronnen und deshalb schwer wegzudiskutieren sind. Eine Auswahl: Früher durfte man die Regierung nicht kritisieren, heute darf man nichts gegen den Chef in der Firma sagen; die Würde des Menschen ist angeblich unantastbar, aber für Arbeitslose gilt das nicht; in diesem reichen Land müssen Menschen auf Parkbänken schlafen; es gibt Kinder, die nicht lesen und schreiben lernen, die nicht in die Ferien fahren, weil die Eltern kein Geld haben; zugegeben, die DDR hat viele Fehler gemacht, aber sie hatte doch objektiv keine Chance, weil sie von den Russen ausgeplündert wurde, während die Westalliierten die Bundesrepublik aufpäppelten; heute wird ja oft so getan, als ob die DDR aus dem Nichts entstanden wäre, dabei war sie eine direkte Kriegsfolge, gebilligt und bald hofiert vom Westen; die heutige Demokratie ist längst ein Parteienstaat, wenn man die Nichtwähler einbezieht, regiert die SPD in Berlin mit gerade 17 Prozent der Stimmen, das kann nicht richtig sein; in manchen Regionen sieht es aus wie nach dem Krieg, selbst Neubauten werden abgerissen, an der Oder wohnt kaum noch jemand, manchmal fragt man sich, in welchem Land man eigentlich lebt, das so etwas als normal empfindet; jaja, Zensur findet nicht statt, aber nicht eine Zeitung schreibt über die Kriegsprofiteure der Rüstungsindustrie; und über die DDR kann man sagen, was man will, wenigstens um die Kinder hat sie sich gekümmert; heute werden die Bildungsreformen aus Skandinavien gelobt, Politiker reisen nach Schweden, um das Schulsystem zu kopieren, dabei sind die Schweden vor 20 Jahren in die DDR gereist und haben sich den Hort abgeschaut und ihn Ganztagsschule genannt. Aber all das will ja keiner hören.

In den neuen Nischen wird gemeckert wie in den alten. Und wenn der Staat an seine Grenzen stößt, wenn das System nicht mehr mithalten kann mit den Entwicklungen, die man am Gartenteich längst vorhergesehen hat, gönnt man sich ein wenig Schadenfreude. Bei den Spandauer Kollegen meines Vaters, die beim Berliner Senat arbeiten, geht gerade die Angst um, dass auch West-Berliner unter Umständen künftig nach Ost-Tarif bezahlt werden. Durch einige Buchungstricks will die Verwaltung offenbar die Tarifangleichung umsetzen, allerdings nicht auf Westniveau. Bei vielen Angestellten im Senat reift die Angst, dass sie der Osten nun endgültig runterzieht. »Plötzlich interessiert sie die Ost-West-Sache, weil sie selbst betroffen sind«, sagt mein Vater, über sein Gesicht huscht ein stilles Lächeln. Er hat selbst jahrelang im Westen auf Baustellen vermessen und nur den Ostlohn bekommen, weil sein Büro in Marzahn lag. Dabei stellte er dort nur seine braune Arbeitstasche ab und fuhr hinaus in den Außendienst. Auf den Baustellen der Stadt traf er auf Kollegen, die ihre Taschen in Charlottenburg stehen hatten und mehr Geld für die gleiche Arbeit bekamen. Nein, mein Vater kann sich das Lachen nicht verkneifen: Jetzt merken sie drüben mal, wie das ist.

Die SPD zieht den Leuten das Geld aus der Tasche, die CDU lügt, und die PDS – na, das hatten wir lange genug. So fasst mein Vater die Sache zusammen. Über die Pharmahalunken von der FDP und die grünen Fahrradfahrer ohne Licht verliert er erst gar kein Wort. Davon überzeugen, dass er doch besser von seinem Wahlrecht Gebrauch macht, kann ich ihn wohl nicht mehr. Meine Mutter geht seit vielen Jahren allein ins Wahllokal. Ich frage sie an jedem Nach-Wahl-Montag, ob sie auch wirklich abgestimmt hat. »Ja, ich gehe doch immer«, antwortet sie. Was soll die Frage überhaupt?, scheint sie zu denken.

An Herbsttagen, in denen das Land beiläufig der Einheit gedenkt, stimmt mich ein Gedanke melancholisch: Obwohl die neue Freiheit mit Demonstrationen und Verweigerung mutig erzwungen wurde, wird sie nun achtlos liegen gelassen. Die ältere Generation zieht sich in neue Nischen zurück, in denen die Vergangenheit fröhliche Urständ feiert. Sie verwendet ihre Lebensenergie darauf, sich um vergangene Pachtansprüche und neue Förderquoten zu streiten – so hartnäckig, bis die letzte Lebensfreude im Ordner »Papierkrieg« abgeheftet wird. Die traurigen Reste längst vergangener Netzwerke werden zusammengehalten. Meist ist es die Verwandtschaft, für die mit Hingabe Marmelade eingeweckt wird und mit der man sich über die Grausamkeiten der Arbeitsagenturen aufregen kann. Die neue Glamourwelt, in der Berlin ein Stadtquartier nach dem anderen hochzieht und eine Feuerwerk-Weltmeisterschaft ausrichtet, genügt den Älteren als Unterhaltung bei »Ide-Sat«. Zu viele Jugendliche laufen draußen herum, die die Wände vollkritzeln und dafür nicht belangt werden. Zu viele Menschen mit Migrationshintergrund sind unterwegs, die man sich nicht traut anzusprechen. Zu viele politische Entscheidungen werden getroffen, in denen die Menschen nicht vorkommen, die mit jedem Jahr, in dem sie auf die Demokratie gewartet haben, mehr von ihr erwarteten. Es handelt sich um Republikflucht in eine eigene kleine Welt, um die Rückkehr in eine eingeübte Verweigerungshaltung. In der Kleingartenanlage »Rosenthal Süd« schätzt man sich seit Jahrzehnten. Man lädt sich gegenseitig ein, um kleine Igel zu begutachten oder das Fischwachstum in selbst angelegten Teichen zu bestaunen, man erzählt sich dabei die Geschichten, wie man mit gemeinsamer Kraft aus einem Acker an einer Staatsgrenze ein kleines grünes Paradies gezimmert hat. Es zählen andere Werte als draußen in der großen Stadt. Dabei wohnt man mittendrin.

Noch einmal verabrede ich mich mit meinem einstigen Reportervorbild Heinz Florian Oertel, diesmal hat sein Anwalt Peter-Michael Diestel nichts dagegen. Wir begegnen uns in einem Restaurant am Rosa-Luxemburg-Platz, mit Blick auf die »Volksbühne« und die Bundeszentrale der Linkspartei. Auf diesem Platz hat in den Dreißigerjahren – Oertel war gerade geboren – der Kommunist Erich Mielke zwei Berliner Polizisten erschossen, war daraufhin in die Sowjetunion geflohen und als Sieger des Zweiten Weltkriegs zurückgekehrt. Danach baute Mielke im halben Deutschland einen der größten Spitzelapparate der Welt auf. Oertel wurde in diesem Staate die bekannteste Reporterstimme, die auch durch Schlagersendungen führte. Selbstverständlich war er Mitglied der SED, erhielt den »Vaterländischen Verdienstorden« in Gold.

Er hat mit fast 80 Jahren noch die Stimme des Reporters, die ich von meinen Hörkassetten kenne und deren Kommentare ich begeistert nachgesprochen habe. Zuletzt entdeckte ich eine dieser Kassetten in einem Buchladen wieder. »Heinz Florian Oertel: Reportagen – Unvergessenes aus 40 Jahren«, für einen Euro, in einer Ramschkiste. Als ich Oertel das erzähle, lacht er. »Passen Sie auf, dass das Ihrem Buch nicht auch passiert.« Dann referiert er sein Leben, bildhaft und ausdrucksstark wie eine Reportage.

Er hat das alles schon oft erzählt, bei Hunderten Veranstaltungen von Sonneberg bis Saßnitz. Überall ist nachzulesen, dass er vier deutsche Geschichtsepochen erlebt hat. In der Weimarzeit geboren musste Oertel als Schüler für die Nazis den Ostwall schippen, der sowjetische Panzer aufhalten sollte. Freiwillig meldete er sich bei der Marine, um einer Einberufung in die Waffen-SS zu entgehen. So geriet er in englische Gefangenschaft. »Wir mussten uns in eine Reihe stellen und abwechselnd 1–2–1–2 abzählen. Ich war die 1. Wäre ich die 2 gewesen, hätte ich in einen Steinbruch gehen müssen, den nur wenige überstanden. Das Leben ist voller Zufälle.« Er erzählt diese Begebenheit bei vielen Anlässen, sie hat ihn geprägt. Oertel wollte nach dem Krieg Schauspieler werden, weil er den »Faust« auswendig kannte und so schön Gedichte aufsagte. Er kam zum Stadttheater Cottbus, »für 80 Mark, dafür kriegte man zwei Brote auf dem Schwarzmarkt«, schließlich ging er zum Radio. Dann kam die DDR mit allem Schlechten und Guten – und allem Guten und Schlechten. Nun setzt der Erzählstrom von Oertel erst richtig ein. Kein Erfolg aus DDR-Zeiten und keine Demütigung danach bleiben unerwähnt. Wie immer bei ihm kann man viel lernen, inzwischen weniger über unbekannte Sportler aus der BRD, stattdessen eine Menge über die Gewissheiten eines der bekanntesten DDR-Bürger, der immer noch für so viele spricht.

Heinz Florian Oertel, der verhinderte Schauspieler, sagt jetzt die Artikel des Grundgesetzes auf wie Gedichte. »Die Würde des Menschen ist unantastbar.« »Niemand darf wegen seines Geschlechtes, seiner Abstammung, seiner Rasse, seiner Sprache, seiner Heimat und Herkunft, seines Glaubens, seiner religiösen oder politischen Anschauungen benachteiligt oder bevorzugt werden.« »Eine Zensur findet nicht statt.« Dann misst Oertel die Artikel an der Wirklichkeit, die er sieht und seit seinem Dasein als Rentner beklagt: Arbeitslosigkeit, Armut, Arroganz. Hinter jedem Gedicht, das er vorträgt, steckt die unausgesprochene Frage: Gelten diese Artikel wirklich für alle?

Er kommt aus bescheidenen, beengten Verhältnissen. Oertels Vater war ein Tuchmacher, seine Mutter eine Reinemachefrau. Kann man ihm verdenken, dass er in Arm und Reich denkt, in Benachteiligt und Übervorteilt, in überzeugte DDR-Bürger und arrogante Westdeutsche? Natürlich hatte der DDR-Sport auch schlechte Seiten, aber ist das Fördersystem nicht in aller Welt kopiert worden? Heute, so erzählt er gerne, stimmen die Relationen nicht mehr, »wenn ein 20-jähriger Fußballer in 90 Minuten 17-mal gegen den Ball tritt und ihn 16-mal verstolpert, aber Millionär ist«. Natürlich ist das Doping in der DDR abzulehnen, aber ist nicht die gesamte Sportgeschichte eine Aneinanderreihung von Dopingskandalen? Ich unterbreche Oertels lange Rede nicht, von der ihm später einfällt, man möge sie doch bitte nicht wörtlich zitieren. Warum auch? Jeden Satz meint man schon zu kennen, sie alle standen in unzähligen Lokalzeitungen. Schon als Oertel das Grundgesetz wie ein Gedicht aufsagt und es an der von ihm wahrgenommenen Realität misst, kommt der Gedanke in mir auf: Sie sind noch überall, die vergessenen Helden des Ostens, die so ähnlich denken wie die Eltern, Tanten und Opas und denen nur noch Zeitungen von Sonneberg bis Saßnitz ein Forum geben. Sie sind Teil des neuen Deutschlands und stehen an der Supermarktkasse vielleicht hinter einem. Doch sie sind nicht da angekommen, wo man selbst ist.

Die Stars von einst sind ein Spiegelbild der Gefühle ihrer bis heute treuen Fans. Die meisten älteren Ostdeutschen haben wie die Jungen längst ein neues Leben, wirtschaftlich geht es ihnen oft besser als vor dem Umbruch. Emotional aber sind sie unzufriedener als ihre Kinder, vielleicht sogar unzufriedener als damals. Manchmal genügt eine abfällige Bemerkung über die DDR, die früher von ihnen selber hätte stammen können, um sie in Rage zu bringen. Den Kampf mit den Behörden empfindet die ältere Generation als frustrierend, frustrierender als zu DDR-Zeiten. War es früher ein Ritual von eigenwilliger Komik, jede Woche auf dem Postamt nachzufragen, wann denn endlich der Antrag für ein privates Telefon bearbeitet werde, fühlen sich viele persönlich verachtet, wenn sie mit der BfA um eine Kur streiten müssen. Plötzlich sollen sie Bedürfnisse nachweisen, eigene Vorschläge machen. Das ist nicht leicht, denn die eingeübten Regeln des Eingabewesens sind über Nacht abgelöst worden von unbekannten Paragrafen, die sich zu aller Überforderung schneller und schneller ändern. Umso schwerer wiegt da der Verlust alter sozialer Bindungen im Hausverein oder im Betrieb. Jeder dritte Ostdeutsche fühlt sich als Verlierer der Wende, das sind fünf Millionen Menschen. Die Jüngeren, von denen nicht wenige inzwischen das System der Bundesrepublik auf ihren Schultern tragen, sind kaum darunter. Ihre Vorbilder von einst schon.

Einem von ihnen begegnete ich zuletzt auf der Pferderennbahn wieder: Herbert Köfer. Mit seinem furchigen Gesicht stellte der Schauspieler im DDR-Fernsehen immer die zupackenden Männer dar, die der Strenge des Lebens mit kleinen Witzen trotzten. Nun saß er, immer noch Falten lachend, an einem Tisch auf der Galopprennbahn Hoppegarten. Während sich die Prominenz bis hinauf zu Gerhard

Schröder am Buffet bediente, hockte Köfer in einer abgelegenen Ecke des Vip-Zelts, vertieft in Pferdewetten. An seinem Hals baumelte eine goldene Kette, die in ein schweres Amulett mündete. Man konnte es genau erkennen, denn Köfer, noch etwas älter als Oertel, hatte sein ausgewaschenes Jeanshemd geöffnet, nicht nur den ersten und den zweiten Knopf, sondern mindestens fünf. Sein braun gebrannter Bauch war zu sehen, auf dem sich weiße Härchen kräuselten. »Mach mal Dein Hemd zu, wir sind hier nicht im Garten«, schimpfte Köfers Frau, die ohne Tippschein neben ihm saß. Ein Volksschauspieler am Rande.

Ich habe Herbert Köfer noch anders in Erinnerung, als jederzeit souveränen und lustigen DDR-Superstar, der in Filmen wie »Nackt unter Wölfen« auch ernsthaft traurig sein konnte. Als ich zehn war, bewarb ich mich beim Kinderfernsehen und wurde mit 20 anderen Jungs zu einem Vorsprechen in ein Hinterhofstudio eingeladen. Die Rolle eines frechen Jungen in einem Neubauhaus war zu besetzen, der sich mit einem knorrigen Jäger und Hausmeister anfreundet. Den sollte Köfer spielen. In seinem Wohnzimmer sollte nach dem Drehbuch, dessen vergilbte Blätter ich aufbewahrt habe, Folgendes zu sehen sein: Geweihe, präparierte Vögel, ein altes Klavier, ein Waldhorn, eine Kuckucksuhr und »als Glanzstück ein ausgestopfter Luchs, dessen Augen grünlich leuchten, wenn es klingelt«.

Einen aufregenden Probe-Nachmittag lang spielte ich den frechen Jungen Mischa, der den knorrigen Hausvertrauensmann Karl ärgert:

Mischa: Du, Karl ... Frank Schöbel sitzt vor der Tür und mauzt.

Karl: So!

Mischa: Aber nich sauer sein.

Karl: Hat er wieder ins Treppenhaus jemacht?
Mischa: Nee, nee, heut noch nich ... Bestimmt nich!
Karl: Mischa ... Hol det Monster rin.
(Mischa zögernd ab, kommt gleich darauf mit einem großen grauen Kater zurück.)
Karl: Hör mal zu, Katze ...
Mischa: Nich so laut, Karl, sein Herz kloppt.
Karl: Wenn ick dich noch mal uff der Treppe erwische, mach ick 'n Bettvorleger aus dir!
(Mischa flüchtet mit dem Kater.)

Nun ja, so lustig ging es zu im DDR-Fernsehen. Damals war ich dennoch heiß auf die Rolle des Mischa, der so viele Streiche draufhatte. Unter den auf Großes hoffenden Augen meiner Mutter trug ich den Text vor, ich verhaspelte mich nicht, brachte sogar Herbert Köfer aus dem Konzept, als ich stärker berlinerte als im Manuskript vorgesehen. Die anderen Mütter spendeten Applaus, ich fühlte mich schon wie ein zukünftiger Defa-Star, doch da kam noch ein Junge, der niedlicher und lustiger war als ich. Herbert Köfer schickte mir später eine Autogrammkarte und bedankte sich fürs Mitmachen. Mit meinen Eltern schaute ich mir die erste Folge der Serie an – natürlich fanden wir sie nicht mehr so dolle. Es ging ständig darum, dass der freche Junge vom knorrigen Hausmeister lernt, wie man sich ordentlich benimmt.

Was ist ostdeutscher Humor für Sie? Das frage ich Herbert Köfer heute. Er lacht, schüttelt den Kopf und sagt, der Osten sei für ihn nur eine Himmelsrichtung. Er ist jetzt 85 Jahre alt, reist aber noch mit »Köfers Komödiantenbühne« übers Land. »Die Tournee führt aber nur durch die neuen Bundesländer«, sagt Köfer, »da kennen und verstehen mich die Leute.« Eine Rolle, für die er sich heute schämen müsse, habe er in der DDR nicht gespielt. Meist war er eben der lustige Hausmeister.

Vorbilder sterben, wenn man ihnen einmal anders begegnet als erhofft. Die meisten Stars der DDR sind von der großen Bühne verschwunden. Viele bekamen keine Rollen mehr, manche versackten in windigen Immobiliengeschäften wie Karsten Speck, andere versteckten sich hinter der Kamera wie Angelika Unterlauf von der »Aktuellen Kamera«, die nach der Wende Fitnesskurse fürs Frühstücksfernsehen drehte. Nur wenige ältere Künstler haben es mit ihren Talenten ins bundesdeutsche Hauptabendprogramm geschafft, zum Beispiel Carmen Nebel. Sie moderiert jetzt im ZDF Volksmusik-Sendungen, die nach ihr benannt sind. Dass Carmen Nebel zu DDR-Zeiten nicht nur am ersten Weihnachtsfeiertag die Fernsehzeit »zwischen Frühstück und Gänsebraten« überbrückte, sondern auch zum 40. Republik-Geburtstag für Erich Honecker »Pop aktuell« im Palast der Republik moderierte, haben viele vergessen. Draußen vor dem Palast standen damals die Demonstranten und riefen nach Freiheit. Drinnen ging Carmen Nebel ihrer Arbeit nach.

Diese Geschichten hört man von älteren Ostdeutschen nicht, ich musste sie mir selbst anlesen beim Politologie-Studium an der Freien Universität. Mit Studenten jeden Alters – im Westen gab es erstaunlich viele ältere Studierende – diskutierte ich, welche Dinge in Ostdeutschland verdrängt wurden. Abends verdrängte ich sie dann selbst. Da traf man sich auf Partys in leer geräumten Häusern. In meinen besten Westklamotten saß ich auf zementstaubigen Dachböden – das Opfer musste man der Lässigkeit zuliebe schon bringen – und unterhielt mich mit Leuten aus allen Berliner Bezirken. Meist ergab es sich, dass ich mich mit Frauen aus den Ostbezirken länger unterhielt – man musste nicht so viel erklären, wenn man von der Jugendweihe sprach oder über die selbstzerstörerischen Diskussionen des Asta lästerte, man musste nicht permanent die eigenen Erfolge darstellen. Doch wenn es beim vorletzten Bier um die Kindheit ging und beim letzten darum, was man sich für die Zukunft erträumt, wurden auch wir seltsam einsilbig. Immerhin konnte ich anbringen, dass meine Mutter einmal bei Interflug gearbeitet hatte und dafür interessierte Blicke ernten; ich war wohl nicht der Einzige, der mit Iljuschin-Flugzeugen eine Kindheitssehnsucht verband. Doch dass sie Bewerbungen in der Speisekammer auf Schreibmaschine abtippte und dabei nur halbjährlich befristete Jobs abbekam, berichtete ich nie. Vielleicht war es mir peinlich. Wahrscheinlicher ist wohl, dass ich annahm, es wäre meiner Mutter peinlich.

Heute denke ich: Vielleicht war es ihr gar nicht peinlich. Vielleicht hat man seinen Eltern mit der stillen Zurkenntnisnahme viel mehr wehgetan als mit offener Konfrontation. Ich erzählte zu Hause nicht, dass ich langsam Freunde von der anderen Seite gewann und mit ihnen durch Punkkneipen in Spandau zog oder am englischen Nationalfeiertag Kricket im Park spielte – dabei hätte sie das vielleicht interessiert. Nur einmal erzählte ich ein Detail aus einem Seminar zum Thema Pressearbeit, von dem ich annahm, es würde meinen Eltern gefallen. Mich hatte der hochgestochene Vortrag eines Marburgers genervt, der meinte, seine Ausführungen nicht nur mit einer Powerpoint-Präsentation, sondern auch mit einem Schwall von Originalzitaten aus der englischen Literatur zu unterlegen. In der kommenden Woche war ich dran. Ich sprach über Rhetorik in der DDR und bemühte, quasi als kleine Rache, zur historischen Herleitung ein russisches Originalzitat aus Lenins Grundsatzaufsatz »Was tun?« Meine Eltern haben sich über diese Anekdote ziemlich amüsiert und waren noch begeisterter, als ich ihnen erzählte, dass von den Studenten niemand amüsiert gewesen sei. Denen haben wir's gezeigt, da waren wir uns mal einig.

Meine sonstigen Erfolge und Rückschläge verschwieg ich. Das Ziel war wichtig, mit dem Weg wollte ich meine Eltern nicht nerven. Ich ging davon aus, dass sie mein konkreter Tagesablauf nicht interessierte, dass sie vieles sowieso nicht verstanden. Ich hatte auch Angst, mit kleinen Siegen aufzutrumpfen und sie zu kränken. Bei meinen gelegentlichen Besuchen im Garten wechselte ich scheinbar mühelos von meinem kleinen Westplaneten in ein Paralleluniversum, in dem Vergangenheit noch zu beachten war und Zukunftsträume nicht auszuufern hatten. Umgekehrt war es genauso. In meinem Studentenleben hatte der Osten nichts zu suchen, meine Familie kam nur am Rande vor. Auf einer Party traf ich einmal eine Frau, die nach dem letzten Bier nicht einsilbig war und die mit mir in die Morgendämmerung über die erwachende Schönhauser Allee zog. Ich gestand ihr, dass ich Sehnsucht nach dem vertrauten Zuhause hätte und dennoch nicht anders könne, als mich davon zu entfernen. Sie – natürlich war sie aus dem Osten, sonst hätte ich ihr solch private Dinge nicht erzählt – meinte, es gehe ihr ähnlich. »Es ist wie beim Boxen, nur dass du den Boxer nicht treffen darfst«, sagte sie. »Es ist Schattenboxen gegen die Eltern.« Ich weiß den Namen dieser Frau nicht mehr. Aber ihre Worte habe ich nicht vergessen.

Viele junge Ostdeutsche halten es so: Ihre familiäre Heimat ist das Paralleluniversum, nach dem sie sich sehnen, aber in das sie auch nicht zurückkehren wollen. Die Tatsache, dass man sich voneinander entfernt hat, wird bis heute trotz aller Begleitschmerzen an den Rand geschoben, Nachfragen zu Vergangenheit und Gegenwart verkneift sich jede Seite mühevoll. Ganz anders habe ich viele meiner westdeutschen Altersgenossen kennen gelernt. Sie fühlen sich tatsächlich so, als würden ihre Samstagabende in der Badewanne nie enden, als müssten sie inmitten eines gleichförmig aufsteigenden Lebens langsam mal darüber nachdenken, etwas ganz anderes zu machen. Ihre Eltern behüten sie nach wie vor sorgsam, sie kopieren die Moden der Jüngeren und engen sie manchmal ein. Darüber gibt es gerne aufgeregten Streit, der in eine große Versöhnung mündet. Die Ostdeutschen dagegen waren schon früher unabhängiger von den Eltern. Während Mutti arbeitete und danach mit allerlei Tricks halbreife Orangen organisierte, waren viele Kinder auf sich allein gestellt oder mit freiwilligen Pflichten wie dem Altstoffesammeln oder dem Besorgen von vernünftigem Kaffee beschäftigt. Schon damals wurde das Nebeneinander in der Familie geprobt – da war es nur selbstverständlich, dass sich nach der Wende jeder auf eigene Faust daranmachte, den Westen zu erkunden. Es war sowieso an der Zeit, sich unabhängiger voneinander zu bewegen. Auch wenn es nur eine U-Bahnfahrt zur Universität in den Südwesten Berlins war.

Zur Diplomübergabe besuchten mich meine Eltern zum ersten Mal an meiner Universität. Zum Glück hielt Wolfgang Thierse eine Rede. Der damalige Bundestagspräsident war eine der letzten ostdeutschen Integrationsfiguren, dessen Fähigkeiten auch der Westen anerkannte und der mit seiner Herkunft im Reinen war. Thierse sprach von Pressefreiheit, das kam mir sehr gelegen, es ging darum, wie viel die Kontrollgewalt wiegt in einer Demokratie, wie wichtig jede kleine

Schülerzeitung ist. Das gefiel mir, musste ich doch an den Ärger mit meinem »Brennpunkt« denken – und daran, dass meine fiese Direktorin, die mir die Zulassung zum Abitur vermasseln wollte, nun nichts mehr zu sagen hatte. Beim Essen danach meinte mein Vater, die Rede habe ihm gefallen, der Thierse sei nicht so abgehoben wie die Westdeutschen.

Am meisten freute ich mich, dass Ricardo zur Diplomfeier gekommen war. Obwohl wir uns nach anfänglichen Besuchen in den Semesterferien ein wenig aus den Augen verloren hatten, war er meiner Einladung gefolgt. Vor allem begeisterte ihn die Vorstellung, dass »unser Agitator Robert jetzt doch Propaganda macht und Journalist wird«, wie er sagte, während er mir feixend auf den Rücken schlug. Über Thierses Rede geriet er ins Schwärmen: Pressefreiheit – für solche Dinge sei er mit seiner Familie damals in den Westen ausgereist, und niemals hätten sie diesen Schritt bereut, einen Schritt in eine aufgeklärte Bürgergesellschaft. Nach diesem Vortrag verstummte das Gespräch für eine Weile. »Was machen Deine Eltern?«, fragte ihn dann meine Mutter. Ricardo schilderte knapp, dass sie gerade ein Haus im Taunus bauen würden. Es war ihnen also gut ergangen. Weitere Details ersparte er uns.

Nachdem meine Eltern nach Hause gefahren waren, zog ich mit Ricardo noch weiter in den »Studentenkeller«. Auch Flavia kam dorthin, und mir fiel auf, dass sie eleganter gekleidet war als viele in diesem Schuppen, in dem es Tequila für eine Mark gab. Ich erzählte ihr die Geschichte, wie unterschiedlich Ricardo und mein Vater die Thierse-Rede wahrgenommen hätten. »Bei einer Feier von Ricardo wäre das genauso«, meinte Flavia. Einmal habe sie einen Witz gemacht über die Lispelstimme des letzten DDR-Ministerpräsidenten Lothar de Maizière. Da habe bleierne Stille über dem

Wohnzimmertisch gehangen. Auf dem Heimweg habe Ricardo sie belehrt, dass die Eltern normalerweise auch über de Maizière lachen würden. Von einer Westdeutschen sei solch ein Witz aber nicht angebracht.

Flavia versuchte gar nicht erst, bei diesem Thema nachzuhaken. Sie wusste, wie empfindlich Ricardo war, wenn man ihn auf seine Eltern ansprach. Einmal, bei einem ähnlich kleinen dummen Streit, hatte sie Ricardo belustigt gefragt: »Warum könnt Ihr eigentlich nie über Eure Eltern lachen?« Er antwortete mit drei Tagen Schweigen.

Kinder und Eltern haben sich unterschiedliche Wege durch den Kapitalismus gebahnt, aber das geben sie heute lieber nicht zu. In der Zwischenbilanz ist es immerhin so, dass viele Eltern erleichtert zur Kenntnis nehmen, dass es wenigstens die Kinder zu etwas gebracht haben – und wenn man noch jünger gewesen wäre, hätte man diese Chancen sicherlich auch genutzt. Sie selbst aber machen nicht mehr alles mit. Das gehört zu ihrem Eigensinn. Mir ist das im Sommer der Leichtigkeit bewusst geworden, als 2006 die Fußball-Weltmeisterschaft in Deutschland stattfand. Da stand ich vor dem Spiel um Platz drei in einem Biergarten in Prenzlauer Berg. Selbst hier, im linksintellektuellen Zentrum, in dem fast 40 Prozent Grün wählen, trugen alle schwarz-rot-goldene Streifen im Gesicht. Als die Nationalhymne erklang, um »Einigkeit und Recht und Freiheit« zu preisen, stand ich auf. Auf der Leinwand sah ich die jungen Spieler Schulter an Schulter im Stadion stehen, unverkrampft patriotisch und ehrgeizig, und ich registrierte, wie selbstverständlich sich ihre Lippen zum Text bewegten. Es war das erste und bisher einzige Mal in meinem Leben, dass ich die deutsche Hymne mitgesungen habe. Dass meine Eltern es mir gleichgetan hätten, kann ich mir nicht vorstellen. Von Heinz Florian Oertel ganz zu schweigen.

»Auferstanden aus Ruinen und der Zukunft zugewandt.« Das war ja meine Hymne, auch weil sie in der DDR nicht gesungen werden durfte. Erst Frau Burkert, unsere Biologielehrerin, die sich im »Neuen Forum« engagierte, brachte uns den verbotenen Text bei: »Lass uns dir zum Guten dienen / Deutschland einig Vaterland.« Wie gut hätten diese Zeilen zu einer Wiedervereinigung auf Augenhöhe gepasst, zu einem Neuanfang für alle. Doch diese Einheit war eine westdeutsche, auch der Osten hatte es so gewollt. Dabei hat er mehr an Identität verloren als eine Hymne ohne Text.

Zur WM 2006 war plötzlich eine neue Stimmung da. In Leipzig, dem einzigen ostdeutschen Spielort, hingen die alten Flaggen an den Fenstern, die zum letzten Mal auf den Einheitsdemonstrationen 1989 und 1990 zu sehen gewesen waren: die Deutschlandfahnen mit ausgeschnittenem DDR-Emblem in der Mitte. So sehen Symbole aus für einen erneuten Anfang – verbunden mit der alten Hoffnung, doch noch anzukommen im vereinten Land.

Als ich zum ersten Mal die Nationalhymne sang, stand Ilonka neben mir – mitsingen mochte sie nicht. »Einigkeit und Recht und Freiheit, das ist mir zu schwarz-rot-geldgeil«, sagte sie. Immerhin erhob sie sich von der Bierbank. Vielleicht braucht alles andere noch Zeit, dachte ich. Als wir abends freudetrunken aus dem Sommermärchen torkelten, lud ich sie auf eine Taxifahrt nach Hause ein, und sie hatte erstmals nichts dagegen. Ilonka besteht sonst darauf, mit ihrem Fahrrad durch die sommerlichen Straßen zu schlenkern und dabei von einer besseren Welt zu träumen. Eine Klingel mit Clownsgesicht genügt ihr als Statussymbol.

Ilonka hat nicht vergessen, woher sie kommt. Sie betont es

öfter als ich. Schon wenige Monate, nachdem sie im Supermarkt die Namen der Südfrüchte auswendig gelernt hatte, achtete sie darauf, Produkte aus dem Osten zu kaufen. Wenn ich ihr sagte, dass Spee inzwischen auch zu Henkel gehört, verzog sie bitter ihre Miene und entgegnete, dass trotzdem noch ein paar Arbeitsplätze in Genthin dranhingen. Wo gibt es etwas, das man guten Gewissens verbrauchen kann? Das war ein Thema, das sie gern mit ihrem wendefrustrierten Vater besprach, das ihn nicht verletzte, sondern ihn im Gegenteil etwas Selbstbewusstsein versprühen lassen konnte. »Der Dresdner Stollen ist am frischesten bei toom«, wusste ihr Vater in solchen Momenten zu berichten. Ilonka bedankte sich artig und erzählte es mir weiter. Zum Nikolaus überraschte ich sie einmal mit einem solchen Stollen aus dem Baumarkt. Ich fuhr dafür zwei Stunden durch die Stadt. Ich tat das gern für einen Moment, von dem ich annehmen durfte, dass er ein gemeinsamer ist.

Viel mehr erzählt mir Ilonka bis heute nicht von ihrem Vater. Ich frage auch nicht nach, denn er schlägt sich mit einem kleinen Verlag durch, so weit ich höre, das bringt sicher nicht viel ein. Er sammelt zu Hause viele Zeitungsartikel aus der »Jungen Welt«, die es tatsächlich noch gibt und die die menschenverachtenden Methoden der Marktwirtschaft täglich neu enttarnt. Vielleicht ist Ilonkas Jagd auf Ostprodukte auch als Geste des Mitleids mit ihrem nur in der DDR erfolgreichen Vater zu verstehen. Als ich zum ersten Mal Bambina-Schokolade bei Real entdeckte und ihr das mit dem lakonischen Hinweis berichtete, »das kannst Du ja Deinem Vater sagen«, antwortete Ilonka nicht. Ich hatte mich da nicht einzumischen.

Ehrlich gesagt, ich habe keine Ahnung, was all die Eltern meiner Freunde tun. Was sie früher taten, weiß ich dagegen genau. Ich erinnere mich noch an das schmierige Gefühl von Öl auf Eisen, wenn ich am Schraubstock von Ricardos Vater drehte. Ich habe mir nach meinem geheimen Blick ins Klassenbuch bis heute gemerkt, welche Erwachsenen einmal in der SED waren. Doch ob manche von ihnen womöglich inzwischen in der CDU aktiv sind und Angela Merkel im Kampf gegen die in ihrem Stolz verletzten westdeutschen Ministerpräsidenten unterstützen, bleibt mir verborgen. Wenn ich es wüsste, würde auch in mir der Mechanismus einsetzen, nach dem sich viele Ostdeutsche gegenseitig bewerten. Aha, früher SED, heute CDU – eine Blockflöte, die immer den herrschenden Ton nachspielt. Längst habe ich den Kontakt zu den Eltern meiner Freunde verloren, die früher präsent waren als Pionierhelfer, Klassenfahrtbegleiter oder Abschnittsbevollmächtigte. Heute trifft man sich höchstens auf Spaziergängen im Pankower Park. Man erkennt sich, und doch wieder nicht. Guten Tag! Wie geht's? Gut, danke, und selbst?

Dabei liegen am Wegesrand so viele Fragen. Warum sind ältere Ostdeutsche beim Improvisieren so geschickt, aber im Denken noch von der guten alten Zeit geprägt? Warum werden Diskussionen über die Vergangenheit als Bedrohung empfunden? Das könnte man in Erfahrung bringen bei öffentlichen und privaten Gesprächen, bei den regelmäßigen Familienfeiern. Doch auch ich tue das nicht. Denn ich weiß, wie sich das Leben entwickelt hat im ersehnten Land, wie viele Träume zusammengekracht sind, wie viel Aufgebautes abgebaut wurde. Deshalb wird der Kriminologe Christian Pfeiffer angegriffen, wenn er an die kollektiven Folgen der strengen DDR-Erziehung erinnert. Darum wird Jörg Schönbohm keine Beachtung geschenkt, wenn er eine Verrohung im Osten beklagt. Darum steht die ostdeutsche Öffentlichkeit immer zusammen, wenn es sein muss, stellen die Jüngeren nicht die Fragen, die sich stellen.

An die Akten, die die DDR-Staatssicherheit möglicherweise über meine Familie angelegt hat, käme ich erst heran, wenn meine Eltern verstorben sind. Sie dann einzusehen, wäre ein Verrat an ihrem Willen. Einen Antrag darauf werde ich nicht stellen, da bin ich mir sicher.

7.

Wolkenstein.
Die Heimat von Kindern und Eltern

Auf dem Pausenhof steht ein grüner Container. Zwei Frauen und ein Mann werfen Stühle hinein, Tische, Zirkel und Kreide – ein Ein-Euro-Job. In Wolkenstein, der kleinen Bergstadt im Erzgebirge, wird die Schule ausgeräumt. Die für Ostdeutschland typische Entleerung der Lebensräume geht in ihre letzte Phase. Zuerst machten in Wolkenstein die Betriebe dicht, dann die Geschäfte, schließlich die Kneipen. Als Letztes kappt die Gemeinde ihre Grundversorgung. Den Kindergarten, ein »stark sanierungsbedürftiges Gebäude«, bietet die Stadt im Internet zum Verkauf an.

Was ist aus meinem sächsischen Ferienparadies geworden? Wie geht es meinen Verwandten, die ich nach dem Umbruch kaum noch besucht habe und von deren Arbeitslosigkeit ich nur bei beiläufigen Sonntagsgesprächen mit meinen Eltern erfahren habe? Ich reise als erwachsen gewordenes Kind an, das die Bilder im Kopf überprüfen möchte; ich komme als Berliner Beobachter, der erfahren will, wie sich Ostdeutschland fernab der großen Städte entwickelt hat. Doch vor das Panorama von Bergen, auf denen die Wiesen blühen, schiebt sich schon am Tag meiner Ankunft das Antlitz des Abbaus Ost. Ein paar schöne deprimierende Tage hast du dir da vorgenommen, sage ich mir, als ich in meiner Ferienwohnung die Spitzengardinen zurückziehe und auf den grünen Container auf dem Schulhof blicke.

Wolkenstein liegt auf einem Felsvorsprung über dem Tal des Flusses Zschopau. Vor mehr als 600 Jahren wurde in der Burgsiedlung eine der ersten sächsischen Stadtschulen gegründet – nun ist Schluss mit dieser Tradition. Noch heute ist das Örtchen mit den schrägen Berghäusern geprägt vom mittelalterlichen Gemäuer seines Schlosses, das nachts auf Kosten der verschuldeten Gemeinde in künstlichem Licht erstrahlt. Der Silberbergbau machte die Region einst bedeutend, neben der Landwirtschaft hielten sich über die Jahrhunderte kleinere Betriebe für Baumwolle und Papier. Zu DDR-Zeiten wurden Schuhe und Plasteartikel produziert, darunter die bekannten »Eierbecher Huhnform«.

Meine »Ferienwohnung zum Goldbach« kostet gerade einmal 30 Euro pro Nacht und wirbt mit ihrer »zentralen und ruhigen Lage«. Sie liegt direkt an der stillgelegten Schule. Zwei Wochen habe ich mich hier eingebucht, um zu ergründen, ob ich mich noch heimisch fühle in der Ferienheimat. Zu diesem Zweck will ich auch eines der größten Volksfeste Ostdeutschlands besuchen, den »Tag der Sachsen«. Der findet in diesem Jahr nur wenige Kilometer von Wolkenstein entfernt statt, in Marienberg. Gespannt packe ich aus und stelle meinen Interflug-Kulturbeutel ins Badezimmer.

Immer in den Sommerferien bin ich hierher gefahren. Ein Bus, von Dresden oder Karl-Marx-Stadt kommend, schaukelte mich die Berge hinauf. Am Goldbach, einem kleinen Rinnsal unter der Krone einer Eiche, baute ich Talsperren im Miniaturformat. Mein Opa hängte mich ans Klettergerüst im Stadtpark, um mir die immer gleichen, immer spannenden Geschichten vom Krieg und vom Bergbau zu erzählen, mein Onkel nahm mich auf dem Traktor mit auf die Kornfelder, und mit meiner Cousine tollte ich durch die Wolfsschlucht, eine geheimnisvoll zerklüftete Gneislandschaft.

Als wir größer wurden, errichteten wir Jagdstände am Waldrand, kletterten in verlassene Bergstollen und rauchten heimlich vor dem Jugendklub. Mit Richard, einem Jungen mit Sommersprossen aus dem Nachbardorf, raste ich auf dem MZ-Motorrad seiner Eltern bei Gewittern über die Bergalleen. Es war die große Freiheit – ganz ohne Zwischentöne, ohne Grenzen, sichtbare oder unsichtbare.

Abends saßen alle im Hof vor dem Haus der Großfamilie zusammen und erzählten sich Trafen-sich-einmal-Reagan-Gorbatschow-und-Honecker-Witze. Ich bekam Eierlikör im Schokobecher, die Erwachsenen tranken Bier. »Auf die deutsche Einheit, bald ist es vorbei mit den Kommunisten«, rief mein Onkel Joachim, alle prosteten ihm zu. Sind die verrückt hier?, dachte ich damals. Solche Sorglosigkeiten waren mir aus der Hauptstadt der Deutschen Demokratischen Republik nicht bekannt.

Nach schweren Zerstörungen im Zweiten Weltkrieg durch die gleichen Brandbomben, die auch Dresden in Asche legten, musste Wolkenstein von vorne anfangen. Die Männer schufteten in den Schächten, aus denen die Sowjetunion Uran für ihre Atomwaffen holte, die Frauen übernahmen die Rübenernte. Auf den Feldern standen Vieh und Korn der Landwirtschaftlichen Produktionsgenossenschaft, die sich den Grund und Boden der Bauern unter den angeblich volkseigenen Nagel gerissen hatte und nun kollektiv bewirtschaftete. Größere Fabriken für Kühlschränke und Motorräder entstanden. Heute gibt es keinen Bergbau mehr, obwohl unter Tage weiterhin Uran lagern soll. Motorräder werden kaum gebaut, Kühlschränke gar nicht mehr. Nicht einmal Eierbecher aus Plaste lohnen sich noch. Handwerkszeug kommt nur zu Vorführzwecken im Heimatmuseum zum Einsatz, der Gewerbeverein Wolkenstein hat sich aufgelöst.

Einzig die LPG arbeitet weiter, sie firmiert unter dem Namen »Bauernland Agraraktiengesellschaft« und gibt ungern Auskunft über sich. Vor dem Umbruch lebten in Wolkenstein 2100 Menschen. Heute sind es 1500.

»Was Sachsen sinn von echtem Schlaach / die sinn nich dod zu kriechn. / Driffd die ooch Gummer Daach fier Daach, / ihr froher Mut wärd siechen.« Diese Verse der Leipziger Dichterin Lene Voigt aus den Dreißigerjahren trugen die Einwohner von Wolkenstein bei ihren Erntefesten auf dem Marktplatz vor. Und traf man in Sachsen nicht immer runde lachende Gesichter, war dieser Landstrich nicht immer eine kleine eigene Heimat in unserem großen Vaterland DDR? Sangen nicht auch alle Berliner das Volkslied »Sing, mei Sachse sing« mit, die selbstironische Verscheißerung des Kabarettisten Jürgen Hart? Porträtierte nicht selbst Fritz Pleitgen damals für das Westfernsehen die leichthändige Klöppel- und Improvisationskunst der Erzgebirgler? Probleme verband ich mit der Heimatstadt meiner Mutter, selbstverständlich Staatlich Anerkannter Erholungsort, nie. Nur Leichtigkeit.

Es sind wieder Sommerferien, ich laufe durch Wolkenstein. Hier ist niemand unterwegs, der Marktplatz dient als Parkplatz. Eine fast 300 Jahre alte Postsäule weist Entfernungen aus, die Kilometerzahlen sind mit goldener Farbe nachgezeichnet worden: Berlin wäre in 57 und fünf Achtel Wegstunden mit der Kutsche erreichbar. In der Kirche mit dem restaurierten barocken Altar halten ein alter Mann und eine alte Frau abwechselnd Wache für die Wanderer, die sich hierher verlaufen. Viele sind das nicht.

Ich beginne meine persönliche Heimatkunde im Rathaus. Der Bürgermeister ist im Urlaub. Also setze ich mich auf eine Holzbank und warte auf seinen Stellvertreter, Herrn Siedersleben. Zehn Türen hat die Stadtverwaltung. In der halben Stunde, in der ich warte und mir die auliegenden Broschüren ansehe – Insolvenzhilfe: Welche Chancen Ihnen die Insolvenzordnung bietet. Zukunft jetzt: Das Magazin der Deutschen Rentenversicherung. Informationen zum Thema Elektronikschrott –, gehen die Türen mal auf, mal zu. Frauen bringen Kaffeetassen durch die Gänge, manchmal kommen Bürger mit Gummistiefeln an den Füßen und Anträgen in den Händen vorbei. Sie werden knapp willkommen geheißen: »Grüße.« Ab und zu klingelt ein Telefon. Früher hätte man gesagt: Hier geht alles seinen sozialistischen Gang.

Peter Siedersleben bittet in sein Büro, in dem eine Anbauwand aus hellem Kunstholzfurnier steht. Der 63 Jahre alte Mann, früher Lehrer, heute Versicherungsvertreter im Vorruhestand, packt einen dicken Kunstlederkalender auf den Tisch und hält einen spontanen Kurzvortrag. Er beginnt mit dem Satz: »Die Leute hier denken, sie sind das fünfte Rad am Wagen. Jeder denkt das.«

Wie es sich gehört, kann der Bürgermeister alle Vorzüge seiner Stadt aufzählen. Doch an jedem Ja klebt ein Aber wie ein alter Kaugummi, der sich nicht abrubbeln lässt. Das restaurierte Schloss, in dem man heiraten kann – »das sollten wir aber besser vermarkten«. Warmbad, der eingemeindete Ortsteil mit der wärmsten Thermalquelle Sachsens und 320 Arbeitsplätzen im Kur- und Wellnessbereich – »wenn die Sache finanziell ins Wanken gerät, bekommen wir aber Probleme«. Der aufpolierte historische Stadtkern – »aber was das Getümmel betrifft, muss man sagen, es gibt keins«. Peter Siedersleben redet fast eine Stunde. Je ehrlicher er ist, desto weniger macht er den Eindruck, als müsste man ihn um sein Ehrenamt beneiden. Er endet mit dem Satz: »Vielleicht sollten die Leute ein paar Blumen raushängen, damit Touristen kommen.« Draußen am Rathaus haben sie es versucht; nun verdorren die Pflanzen in den Fensterkästen. Der letzte Betreiber des Ratskellers, der fünfte seit 1990, hat sie zurückgelassen. In Wolkenstein ist eine sanierte Stille eingezogen, wie sie in den meisten Orten in Ostdeutschland zu Hause ist.

Es sind noch junge Leute da, auch mein alter Spielkamerad Richard. Ich treffe ihn vor dem Rathaus, erkenne ihn gleich an seinen Sommersprossen wieder. Richard hat nicht viel Zeit, er muss zu einer Baustelle, »Kundschaft, verstehst Du«, er lacht. Er ist Dachdecker. Richard lädt mich in sein Einfamilienhaus ein.

Ich gehe durch das historische Zentrum des Bergstädtchens. Hier ist nahezu jedes Haus frisch verputzt, die Bürgersteige sind neu gepflastert. Bis 2012 darf Wolkenstein am Stadtsanierungsprogramm teilhaben, bis dahin muss sich die Heimat schön gemacht haben. Das Schloss stellt sich als akribisch hergerichtet dar, es beherbergt das renovierte Heimatmuseum, eine Bibliothek, den Heiratsraum und die Mittelalterkneipe »Zum Grenadier«. Die Kühlschrankausstellung aus DDR-Zeiten wurde durch ein militärhistorisches Museum ersetzt. Abgesehen vom alljährlichen Burgfest zum Herrentag, den nur die wenigen Gläubigen Christi Himmelfahrt nennen, findet auf der früheren Burg allerdings nichts Besonderes statt. Der Fürstensaal wurde für den Fall größerer Veranstaltungen restauriert, für die Beleuchtung reichte dann das Geld nicht mehr. Mit jedem Tag wird die sanierte Stille in Wolkenstein stiller.

Auf einem Plakat wirbt die Stadtverwaltung für den Tourismus: »Einen spürbaren Aufschwung erfuhr die Stadt nach der politischen Wende. Gebäude wurden restauriert und erstrahlen in altem Glanz wieder. Das romantische Bergstädtchen lädt mit vielen Pensionen und Hotels zum längeren Verweilen ein.« So weit die Theorie. Die Wirklichkeit kann man wenige Meter weiter besichtigen, am verlassenen »Hotel zur Goldenen Sonne«. Im ersten Haus am Platze, einst beliebtes Restaurant von Bergarbeitern und Eierbecherbauerinnen, ist das morsche Dach eingefallen. Ein Interessent soll sich mit 400 000 Euro Fördergeld nach Mallorca abgesetzt haben, erzählt man sich im Ort. Das Bauamt weist das zurück. Es teilt vielmehr stolz mit, dass das Hotel vor wenigen Monaten versteigert worden sei. Die Käuferin – laut Bauamt »eine unbekannte Frau aus dem Westen« – will darin ein Sozialheim einrichten. 6100 Euro ließ sie sich den Erwerb des Hotels kosten. Die Stadtverwaltung hatte mit weniger gerechnet und das Anfangsgebot auf einen Euro festgesetzt.

»Willst Du ein Bier?«, fragt Richard, während er mich auf den Balkon seines Hauses mit Blick über das Zschopautal führt. Als ich verneine, der Nachmittag ist erst angebrochen, schaut er mich erstaunt an: »Warum nicht?« Während er den Kronkorken von seiner Flasche löst, beginnt er: »Im Rathaus müssen endlich junge Leute ran.« Richard hält den Glauben an das Gute im Leben aufrecht, mit 30 hat er die Hoffnung in Steine gegossen. Stolz schaut er ins Tal, dieses Haus hat er mit seinen eigenen Händen und der Hilfe einiger Schwarzarbeiter errichtet. Wenn er die Garage fertig verputzt hat, will er die Werkzeugkisten aus den beiden Dachzimmern nach unten räumen. Später sollen oben mal Kinder einziehen. In 30 Jahren wird Richard seinen Glauben an das Gute abbezahlt haben.

Viele seiner Freunde machen weg von hier. In der Lokal-
zeitung, die auf seinem Esstisch liegt, steht: »Ossis studieren
lieber im Westen.« Demnach haben sich 28 Prozent der Abi-
turienten aus dem Osten an Universitäten im Westen ein-
geschrieben. Umgekehrt waren es nur vier Prozent. Ostdeutschland gehen pro Semester 28 000 junge Menschen mit
Abitur verloren, davon 21 000 Frauen. »Vielleicht gehen sie,
um später einmal klüger zurückzukommen«, hofft Richard.
In mein zweifelndes Schweigen setzt er die Bierflasche an
seinen Mund.

Manuela hat Wolkenstein schon 1996 verlassen, ich spüre
sie im Internet auf. Sie hat sich in der »Stayfriends«-Com-
munity eingetragen, einem Netzwerk für ehemalige Klassenkameraden. Hier existiert die Wolkensteiner Schule
noch. Manuela ist jetzt 29 Jahre alt, sie wohnt in Hamburg.
Nach der zehnten Klasse begann sie eine Lehre als Facharbeiter für Getränkeherstellung (es hieß Facharbeiter, nicht
Facharbeiterin). Nach ihrer Ausbildung in der Brauerei
Wernesgrün sollte sie in ihrer Heimatstadt Wolkenstein anfangen – so war es abgesprochen. Dann kam die Marktwirtschaft, und ihr erlernter Beruf war nichts mehr wert. »Nach
der Lehre wurde ich arbeitslos, die Betriebe wurden geschlossen, da ja genug Angebot aus dem goldenen Westen
kam«, schreibt mir Manuela in einer E-Mail. Nach zwei Jahren Jobsuche kehrte sie ihrer Heimat den Rücken. Ihr Mann
aus Hamburg, den sie über Freunde kennen lernte, nahm
sie mit. In der Hansestadt arbeitete sie als Hotelfachfrau
und Fachkauffrau, jetzt hat sie zwei Kinder und arbeitet zu
Hause. »In den Ferien zieht es mich immer nach Wolkenstein, weil ich da meine Familie habe«, schreibt sie, »aber
wieder dort leben, nein.«

Für diejenigen, die bleiben, macht die Abwanderung der

anderen schon die einfachen Dinge kompliziert. Richards Fußballmannschaft im Nachbarort hat Nachwuchssorgen. Viele Talente arbeiten inzwischen andernorts, und die letzten guten Spieler wurden von den Teams der Kreisstädte abgeworben. Ein Torwart bekam einen Ausbildungsplatz in der Federnfabrik Marienberg und 2000 Euro angeboten, ein Stürmer einen Audi A3. Die Dorfklubs füllen die Lücken mit Tschechen, die über die eine halbe Stunde entfernte Grenze zu den Spielen kommen und für ein kleines Handgeld gegen den Ball treten. Bei den Punktspielen am Wochenende lehnen sich alte Männer auf die verrosteten Eisenstangen am Spielfeldrand und schimpfen auf den »FC Internationale«. Die Pawels und Jonas' »von hüben« werden öfter gefoult als die Dorfjungen. Aber sie schießen Tore.

Richard arbeitet in einem 50 Kilometer entfernten Gewerbegebiet. Sein Arbeitsvertrag beginnt Jahr für Jahr im März und endet im November. Wenn im Winter die Baustellen ruhen, muss das Arbeitsamt einspringen. »Sonst wäre die Firma längst pleite gegangen«, hat Richard errechnet, der schon in der Oberschule bei Mathe-Olympiaden erfolgreich war. Jahr für Jahr mogelt sich der kleine Dachdeckerbetrieb an der Insolvenz vorbei. Der Lohn kommt zuweilen mit acht Wochen Verspätung, einen Kredit für neue Maschinen lehnen die Banken ab. Richard und seine sechs Kollegen haben neue Dachziegel entwickelt, die nicht bloß rot oder schwarz sind, sondern orange, ocker, terracotta. »Jeder fährt gerne in den Süden, warum soll da das eigene Haus nicht mediterran aussehen?«, fragt Richard und berichtet von begeisterten Kunden aus Aschaffenburg, die sich freuten, dass die Ziegel hier zwei Drittel billiger seien als bei ihnen. Die Erzgebirgler aber zögern. Dächer in Orange? Reicht nicht schwarz? Halten nicht die alten Asbestziegel

aus DDR-Zeiten noch einen weiteren Winter? Im Gewerbegebiet lässt Richard gerade einen Muster-Dächergarten an-
legen, zwei staatlich bezuschusste Aushilfskräfte errichten
eine mediterrane Schauwelt. »Wenn die Leute das sehen,
werden sie vielleicht mutiger«, hofft Richard und öffnet ein
weiteres Bier. Hoffnung = Mut + Verzweiflung.

In Richards Firma arbeitet neuerdings seine Mutter. Sie
hatte eigentlich damit gerechnet, bis zur Rente in der Schuh-
fabrik von Wolkenstein angestellt zu sein. Nach dem Umbruch kam sie in einer Spinnerei unter, dort ging es auf
Kurzarbeit runter. Im Rahmen einer Arbeitsbeschaffungsmaßnahme schilderte sie die Wanderwege der Umgebung
aus und kehrte jeden Tag mit frisch geröteten Wangen, aber
mit wenig Geld zurück. Danach machte sie sich mit einem
kleinen Café selbständig. Nach drei Jahren endete auch dieser Versuch. Vor kurzem kündigte die Sekretärin der Dach-
deckerfirma des Sohnes – nun ist Mama dabei und muss sich
von allen sagen lassen, wie blass sie geworden sei. Sie arbeitet täglich zwölf Stunden, um die Dachziegelsorten aus-
einanderzuhalten, das Lager korrekt auffüllen zu lernen
und den Verkauf zu organisieren. Im Büro schaut sie permanent in einen Computer, ihre Augen sind daran nicht gewöhnt. »Kannst Du Dir das vorstellen, die neue Brille hat
150 Euro gekostet?«, klagt sie nach der Rückkehr vom Op-
tiker. Der Sohn gibt sich unbeeindruckt. »Du musst freund-
licher zu den Kunden werden«, sagt Richard. Mut = Hoffnung – Verzweiflung.

Das Verhältnis der Kinder zu ihren Eltern hat sich auch
in meiner alten Heimat verschoben, hier erscheint mir der
Unterschied sogar deutlicher als in der Großstadt. Die Jüngeren, die dableiben, schauen nicht zu ihren Eltern auf,
sie leben die neue Zeit in aller Direktheit vor. Ein Sicher-

heitsabstand wie zwischen meiner sanierten Welt in Prenzlauer Berg und der Kleingartennische meiner Eltern in Rosenthal ist nicht eingebaut, in Wolkenstein hocken alle aufeinander.

Meine Tante Ruth, früher Näherin, heute Rentnerin, hat inzwischen fünf Enkel und vier Urenkel. Sie alle treffen sich noch immer täglich im Hof, wie früher spielen die Kleinen im Sand, die Größeren rasen auf Motorrädern über die Felder. Meine Tante achtet darauf, dass alle beisammenbleiben und füreinander einkaufen. Ein Enkel durfte hinten am Feld, das die LPG nach dem Ende des Sozialismus an die Familie zurückgeben musste, ein Haus bauen. »Da unten passen noch drei Häuser hin«, sagt Ruth, als ich sie zum Abendbrot besuche und ihre selbst gemachte Leberwurst verschlinge. Sie räumt derweil die Küche auf. In ihrer Rastlosigkeit liegt auch ein Ankämpfen gegen die Stille um sie herum. Mit vielen kleinen Gesten versucht sie, das Heimweh derjenigen zu verstärken, die sie bemuttert. Einem Enkel, der eine Wohnung in ihrem Haus bekommen hat, wäscht Ruth die Wäsche, manchmal räumt sie die Junggesellen-Bude auf. Jeden Donnerstag reißt sie aus der »Super-Illu« die nackte Frau der Woche heraus und hängt sie auf seiner Toilette auf.

Das Ecksofa, auf dem ich gezeugt wurde, gibt es nicht mehr. In Ruths Zimmer steht mittlerweile eine mit Lamadecken belegte Bank, auf der sich die Katzen zusammenkuscheln. »Komm, wir gehen runter«, sagt sie zu mir und nimmt die Decken von der Bank, ständig muss sie etwas zu tun haben. Unten im Hof bereitet sie das allabendliche Beisammensein vor, sie schiebt Bänke zusammen, verteilt die Decken auf Stühle, holt Bier aus dem kühlen Keller. Schon bald finden sich Onkels, Enkel, Cousinen und Großnichten zu einer Runde zusammen, die meisten kommen mit ihren Autos von weit entfernten Arbeitsstellen. Andere, die tagsüber nichts zu tun haben, sind froh über die Abwechslung vor Sonnenuntergang. Der Kreis auf dem Hof wächst schnell auf ein Dutzend an, auch Richard ist gekommen.

Die Gespräche drehen sich um Arbeit, Kinder und das Fernsehen. Ruth erzählt, dass sie neulich eine Dokumentation über ostdeutsche Auswanderer gesehen hat, die nach Australien gegangen sind. »Die konnten nicht mal Englisch, sind die bekloppt? Und was willst du denn in Australien, da gibt es Klapperschlangen und Spinnen. Die haben so ein schönes Haus zurückgelassen, und die Kinder haben geweint, als sie fortgerissen wurden, du meine Güte.« Sie redet laut, damit alle im Kreis es hören. Doch die Enkel nehmen die Geschichte ohne sichtbare Reaktion entgegen. Einer von ihnen absolviert gerade ein Freiwilliges Soziales Jahr in einem Pflegeheim, weil er keinen Ausbildungsplatz bekommen hat. Danach hängt er ein Berufsvorbereitungsjahr ran. Was macht er, wenn er anschließend immer noch keine Perspektive hat? Diese Frage wird nicht gestellt. In der nächsten Folge der Fernsehdokumentation soll gezeigt werden, ob die Auswanderer Fortschritte beim Englisch machen.

Noch ein Bier? Warum nicht? Den Kasten Billigbräu gibt es im Getränkemarkt derzeit für 4,99 Euro im Angebot. Wer mehr als 10 Euro ausgibt, bekommt einen Treuestempel und einen kleinen Plastiktrabant aus der Sammeledition »Jugendträume – made in DDR«. T-Shirts werden im nahen Zschopau für 1,19 Euro verramscht. »Bringt mir gleich zwei mit, wenn ihr morgen hinfahrt«, ruft Ruth über den Hof. »Kein Wunder, dass es hier keine Textilwerke mehr gibt, wenn Du Dir ein T-Shirt für einen Euro kaufst«, wirft Richard ein. Alle lachen kurz. Hinter den Bergen geht die Sonne unter. Die Letzten verlassen den Hof erst, als das Bier im Keller alle ist.

Am Rand von Wolkenstein gibt es zwei Neubaugebiete, zuerst laufe ich in das alte, dessen Betonklötze man schon von weitem sieht. Wie an jede größere Ansiedlung hat die DDR-Führung auch an die Bergstadt Wolkenstein ein paar Plattenblöcke Sozialismus herangepappt. Vier dieser fünf Bauten sind inzwischen von einem Unternehmer aus einem Nachbarort gekauft und generalüberholt worden. Die nach dem liberalen Antifaschisten Wilhelm Külz benannte Straße, die zwischen ihnen verläuft, heißt jetzt Tulpenweg. Hier gibt es keine freien Wohnungen, die kleinen Unterkünfte mit neuer Heizung sind billig. Ein fünfter Block soll jemandem aus Berlin gehören, der braune Quader wartet unsaniert auf den Abriss, er bietet keine Fensterscheiben zum Einschmeißen mehr. Viele Wolkensteiner pilgern regelmäßig in das alte Neubaugebiet, denn hier gibt es einen »Plus«-Supermarkt. Die Bushaltestelle ist nach dieser Attraktion benannt: »Wolkenstein, Plusmarkt«.

Das neue Neubaugebiet dagegen liegt abseits. Es besteht nur aus wenigen Straßen und bildet doch eine abgeschlossene Welt. Am Nordrand der Stadt sind die neuen Einfamilienhäuser der Wende-Gewinner entstanden, vor den Garagen stehen schwere Autos, die schmalen Bürgersteige sind rot gepflastert. Während ich durch diese Ortschaft in der Ortschaft schlendere, wird mir bewusst, dass es den einen Osten, der immer öffentlich herbeizitiert und als schwer verständliches Ganzes untersucht wird, überhaupt nicht gibt. Schon an einer Kleinstadt wie Wolkenstein kann man sehen, dass die Zeitenwende kein neues Glück über alle gebracht hat. Das wertvolle Geld ist an einigen Stellen kleben geblieben, ansonsten hat es sich schnell zurückgezogen. Nur wenige Schritte liegen in Wolkenstein zwischen verlassenen Bauerngütern mit verfallenden Ställen und den mit frischen Blumen geschmückten Kataloghäusern. Die Lebensverhältnisse haben sich aufgesplittet, die Hecken sind höher gewachsen. Nun schaut jeder nach seinem Rechten und beklagt, da sind sich immerhin alle einig, den fehlenden Gemeinsinn.

Die Menschen in Wolkenstein wissen um die Unterschiede. Bei den Hofrunden meiner Tante Ruth machen sie den Staat dafür verantwortlich, so wie sie es früher schon getan haben. An einem Abend sind Freunde zu Besuch, sie empören sich am lautesten. Michael ist 49 und Hartz-IV-Empfänger. Vor der Wende und viele Jahre danach ist er als Bauarbeiter umhergezogen. Für westdeutsche Firmen hat er Supermärkte, Gewerbegebiete und Krankenhäuser in Ostdeutschland gebaut. Als die Fördergelder zur Neige gingen und das Gröbste fein asphaltiert war, zogen sich die Firmen zurück. Vergeblich suchte Michael das Erzgebirge nach neuer Arbeit ab, machte sich selbständig und gab wieder auf, »denn da rennst du nur deinem Geld hinterher«. Nun pflegt er die Tomaten in seinem Garten, sammelt Pilze und Kräuter. Aus dem Wald schleppt er Feuerholz heim. 400 Euro Heizkosten hat er mit seiner neuen alten Lebensweise im vergangenen Winter eingespart, prompt verlangte das Arbeitsamt das Geld zurück. »Die überwachen dich schlimmer als die Stasi«, schimpft Michael. Die Runde nickt.

Nach diesem Auftakt geht es düster weiter: Ein Mann muss nach Frankfurt am Main zum Arbeiten pendeln, er bekommt Anfahrt und Unterkunft nicht bezahlt, deshalb jagt er in seinem 16-Euro-Kellerloch nachts Kakerlaken. Als er an einem Tag den Schichtführer vertreten sollte, hing morgens ein Porträt von Erich Honecker an seinem Spind. Darunter hatten die Kollegen geschrieben: »Erich, wir trauern um Dich, Du hast uns 40 Jahre die Ossis vom Leib gehalten.« Kopfschütteln auf Ruths Hof. Eine Frau hat beim Arzt gehört, dass die Krankenkassen die Narkosen nicht mehr übernehmen wollen, »da musst du dir mit dem Hammer auf den Kopf hauen lassen«, ruft sie. Höhnische Zustimmung. Ein Arbeitsloser hat eine Arbeit auf 1,50-Euro-Basis angenommen und verdient »ein paar läppische Pfennige zur Armut dazu«, wie er sagt. Gerade saniert er einen Bauernhof in der Nähe des Fichtelbergs: Trockenbau, Elektrik, Abwasser – die Billigkräfte machen alles, was normale Firmen erledigen könnten. Jeden Abend unterschreiben die arbeitenden Arbeitslosen ein Formular, dass sie eigentlich nur Laub wegharken – alles andere wäre ja verboten. Warum er die Arbeitsagentur nicht informiert? »Weil ich dann nicht einmal den Euro und die 50 Pfennige dazuverdienen würde«, antwortet er. »Weil er froh ist, wieder unter Leuten zu sein«, schiebt seine Frau nach und schaut mitleidig zu ihm herüber.

Ich sitze am Rand, höre zu und merke, dass das Leben hier wenig mit meinem gemein hat. Ihr Bild von Berlin haben die Wolkensteiner, so heißen sie in unserer Familie, sowieso längst. Die Hauptstadt kriegt alles, was auf dem Lande fehlt – so war es ja schon zu DDR-Zeiten, nicht wahr, Robert? Ich entgegne nichts. Oft genug habe ich sie zu mir eingeladen, doch von einer Reise nach Berlin möchten die meisten nichts wissen. Die Wolkensteiner sind mit sich beschäftigt, wissen nicht, wer das Vieh versorgen soll, wenn sie das Bauerngut verlassen. Kurz nach der Maueröffnung waren Tante Ruth und Onkel Joachim einmal in der großen Stadt und konnten nachts nicht einschlafen, weil ihr neu gekaufter Westwagen auf der Straße stand und nicht in einer Garage. Baustellen, Graffiti, Verkehrschaos – so stellen sie sich hier auf dem Bauernhof den Moloch vor, in dem ich lebe. Berlin scheint noch immer 57 und fünf Achtel Wegstunden von Wolkenstein entfernt zu sein.

Was gibt Halt in haltloser Zeit? In Wolkenstein ist es ein sanfter Binnendruck, der auch in anderen verödeten Landstrichen Ostdeutschlands zu finden ist: Gemeinsamer Stolz auf die Heimat soll tatsächliche und gefühlte Benachteiligungen ausgleichen. Diejenigen, die auf den Erzgebirgskämmen hängen bleiben, bauen Ferienwohnungen an ihre Häuser, helfen sich gegenseitig beim Dachdecken und der Heuernte, sie pendeln dorthin, wo es etwas zu tun gibt. Die Jüngeren suchen Stellen an Universitäten und in Verwaltungen, die sind ein bisschen sicherer als andere. Diejenigen, die nichts finden, lernen Englisch oder Französisch – für irgendein Später, in dem das wichtig werden könnte. In der Freizeit flüchten sie in das, was sie im Überfluss haben: ihre unerschöpfliche Natur.

Eine Freundin meiner Cousine ist die Elbe von Dresden nach Hamburg entlanggeschwommen, der Zeitungsartikel über sie geht von Hand zu Hand. Ein Neffe, er ist Strafvollzugsbeamter, fährt Autorennen auf dem Lausitzring (Ist der Lausitzring also doch für etwas gut, denke ich da). Bei 230 Stundenkilometern habe sich der mutige Rennpilot mehrmals gedreht, wird berichtet. »Hier kommt der schnellste Beamte Sachsens«, soll der Rennsprecher gerufen haben. Ein junger Betonbauer hat bei Fichkona mitgemacht, einem Radrennen vom Fichtelberg nach Kap Arkona. Er benötigte 22 Stunden und fünf Minuten, um einmal quer durch die alte DDR zu radeln. Seine Mutter war beim Start auf dem

höchsten Berg des Erzgebirges dabei und hat ihm Wund-
salbe für seinen Po mitgebracht. Das Gemeinsame wird ze-
lebriert, nicht der Unterschied. So lässt sich der Binnendruck besser ertragen.

Junge und Alte auf engstem Raum, das organisiert sich
als Miteinander im Nebeneinander. Es mag keinen Kindergarten in Wolkenstein mehr geben, der Spielplatz im Stadtpark (inzwischen mit Rutschgerüst statt Kletterstange) ist
dennoch voll mit tollendem Nachwuchs. »Wir haben mehr
Taufen als Beerdigungen«, sagt der evangelische Pfarrer Rolf
Scholz und streift mit der Hand schmunzelnd über seinen
Bart. Der 52 Jahre alte Mann mit dem abgeschliffenen Erz-
gebirgsakzent steht in der Wolkensteiner Kirche und erzählt die Geschichte eines persönlichen Neuanfangs. Vor 30
Jahren hat er einen sicheren Job bei der Bergbaugesellschaft
Wismut in Aue aufgegeben – er reparierte dort Berg- und
Pendelzüge –, um Theologie zu studieren. In der DDR
brachte ihm das wenig Anerkennung, inzwischen hat der
Pfarrer einen der sichersten Jobs der Region. Alles ist mög-
lich, will er sagen.

Nach seinen Sonntagspredigten geht Rolf Scholz zurück in seine Pfarrwohnung am Friedhof und besichtigt im
»Presseclub« der ARD die Hilflosigkeit der Berliner Republik. Politiker, Unternehmer und Journalisten haben längst
keine glaubhaften Zukunftsentwürfe mehr, glaubt Scholz.
Gegen die Bibel kämen die doch nicht an.

Es ist Sonntag, halb zehn. Die Glocken läuten ins Tal
hinein, sieben Kinder laufen mit Kerzen zum barocken Altar.
Ein Bläserquartett stimmt Lieder an; es ersetzt heute den
Orgelspieler, der krank geworden ist und für den keine Vertretung aufzutreiben war. 45 Wolkensteiner verlieren sich auf
den mit Sonnenblumen geschmückten Holzbänken, auf de-

nen bis zu 800 Leute Platz finden könnten. Pfarrer Scholz erzählt vom Aufbruch Abrahams ins biblische Land. »Zu einem Aufbruch gehören Gehorsam gegenüber Gott, Vertrauen in eigene Stärke und Weggefährten«, predigt Scholz. Angesichts des Publikums unter seiner Kanzel – drei Kleinfamilien und eine junge Frau mit hochgesteckten Haaren sind die einzigen Anwesenden unter 50 – bezieht der Pfarrer die Bibelgeschichte auf ältere Menschen, die Mut haben sollen zu einem Neuanfang, zu einer Umschulung, vielleicht zum Umzug ins Altersheim. Von jungen Leuten spricht Scholz in seiner Sonntagsrede nicht, möglicherweise aus persönlichen Gründen. Sein 22-jähriger Sohn studiert Sozialpädagogik in Würzburg, die drei Jahre jüngere Tochter Politikwissenschaften in Halle. Sie kommen nicht mehr jedes Wochenende auf Heimatbesuch.

Der Pfarrer registriert die Entleerung seiner aufgehübschten Stadt sehr genau. Er hört die Motoren der Autos am Sonntagabend aufheulen, wenn die Studenten nach Leipzig fahren, die Zimmerleute nach Bayern und die Kellnerinnen nach Österreich. Er versucht, an das Heimatgefühl derer zu appellieren, die noch zu jung sind, um zu flüchten – er bietet Musikunterricht, Wanderungen und Volleyballturniere für Schüler an. So will er Gemeinsinn erzeugen und Freude an Dingen vermitteln, die nicht zu kaufen sind. Er besucht alte Menschen, die auf Bauerngütern vereinsamen, in die sie ein ganzes Leben Arbeit gesteckt haben. Am Ortsrand überwuchern Disteln ihre Grundstücke, bis sie ein Erbenkel zum Schleuderpreis weggibt. »Damit musst Du leben«, sagt Scholz den in ihrem Schaffensstolz verletzten Menschen, wenn sie ihn um Rat fragen. »Das Materielle ist vergänglich, es bringt nicht die Erfüllung.«

Selbst Vollbeschäftigung und Westtarife, so wünschenswert sie seien, könnten die Leute wohl nicht zufriedener machen. »Die meisten würden in entfernte Länder reisen, höhere Ansprüche entwickeln und noch mehr Alkohol trinken«, ist sich Scholz sicher. Der Pfarrer kann nicht verstehen, warum fast alle die Dachschäden an ihren Häusern als Versicherungsfälle abrechnen, warum jeder Steuern sparen möchte und im gleichen Atemzug über die geschlossene Schule schimpft, warum niemand eine Baufirma bezahlen will, während gleichzeitig alle über Arbeitslosigkeit klagen. Scholz scheint an verschwundene Werte zu glauben. Bei den alten Bauern ist er nicht gerade beliebt, manche lästern hinter vorgehaltener Hand, seine Predigten seien dummes Zeug. »Das letzte Hemd hat keine Taschen«, sagt der Pfarrer, bevor er die Kirche abschließt. Zu Hause warten das Mittagessen und der »Presseclub« auf ihn. Das Thema an diesem Sonntag lautet: »Leere Kassen, geschröpfte Bürger – Große Koalition im Stimmungstief.«

Ich spaziere mit Richard rüber zum Sportplatz, wo es ein Fußballspiel der untersten Spielklasse zu sehen gibt. Die Eintrittskarte der SG 47 Wolkenstein, ein kleiner grüner Papierschein, kostet einen Euro, auf ihrer Rückseite werben drei Geschäfte um Kundschaft: eine Druckerei, ein Lebensmittelgeschäft und ein Kinderladen. Zwei dieser Geschäfte gibt es nur noch auf diesem Papier. Verzweiflung = Hoffnung – Mut?

»Verzweiflung, ha!« Richard winkt ab. Mit seiner Freundin geht er regelmäßig im Schloss essen, auch wenn er wegen seines abzuzahlenden Hauses Grund genug hätte, jeden Cent zu sparen. Scheinbar sorglos kehren sie in die Schloss-Schänke »Zum Grenadier« ein, auch wenn dort Touristenpreise verlangt werden. »Wir gönnen uns das, sonst wird das doch hier nie was«, sagt Richard. Den Jugendklub, in dem er früher oft herumhing, meidet er mittlerweile. Dort ist zwar das Bier billiger als überall sonst und schon ab mittags in geselliger Runde zu haben. Doch die Stammgäste, alle Mitte 30, sind ohne andere Beschäftigung. Von den Jüngeren im Ort werden sie als »Berufsjugendliche« verspottet. Richard sucht mit seinen Fußballfreunden lieber Abwechslung in den früheren Kreisstädten Marienberg, Zschopau und Annaberg-Buchholz, in der früheren Bezirksstadt Chemnitz. Ein Auto leistet sich fast jeder über 18, so kommt man schnell zusammen. An den Rändern der Bundes- und Landesstraßen liegen Kränze für jene, die sich überschätzt haben. Meist sind es die jüngsten.

Eine der Straßen, an denen ein Kranz liegt, führt hinunter ins Tal, in den Ortsteil Warmbad. Hier unten ist eine Landschaft aus dem Handbuch des Aufbau Ost entstanden: die Silbertherme. Die älteste und mit 26,6 Grad Celsius wärmste Thermalquelle Sachsens lädt ab 8,50 Euro zum Entspannen in einer großzügigen Bade- und Saunalandschaft ein. Die Stadt hat mit Hilfe der Krankenkassen einen Kurpark errichtet, der mit seinem künstlichen See und dem Souvenirladen für Erzgebirgskunst Feriengäste anlocken soll. Das Altersheim ist ausgebucht, es wird gerade erweitert. Sonntags gibt es hier kostenlose Blasmusik.

In Warmbad liegt die Zukunft von Wolkenstein. Die Badeoase wird die Stadt in den kommenden Jahren entweder ins große Glück oder ins große Unglück stürzen. Die Verschuldung Wolkensteins betrug zum Jahresbeginn 2007 7 526 206 Euro und 13 Cent. Mehr als viereinhalb Millionen Euro davon sind den Investitionen in das Kurprojekt geschuldet. »Warmbad herausgerechnet, liegen wir mit unseren Finanzen normal«, sagt Bürgermeister Siedersleben.

Aber Warmbad lässt sich nicht herausrechnen. Nur wenige Kilometer entfernt warten das Thermalbad Wiesenbad sowie die Erlebnisbäder in Marienberg, Geyer und Annaberg-Buchholz auf Besucher. Irgendwann wird die große Gemeindereform alle Plantschbecken unter einem Dach vereinen, dann frisst der Aufbau Ost seine Bäder.

In Wolkenstein wissen sie das alles und warten trotzdem geduldig ab, was die Zeit so bringt. Wenn Richard sein mühsam verdientes Geld nicht auswärts ausgibt, verlebt er die Abende eben auf dem Hof meiner Tante Ruth oder auf der Terrasse seines neuen Hauses. Dort entzündet er gern mit Ästen aus dem Wald ein Feuer in einem gusseisernen Gullybehälter. Mit seiner Freundin, die in diesen leichten Momenten Sangria trinkt, lauscht er seinem Vater auf der Mundharmonika. Erzählen, trinken, lachen, weitererzählen, Mut machen – für diese Freizeitbeschäftigung gibt es in Wolkenstein ein eigenes Wort: »rumlappen«.

In Wolkenstein wird viel rumgelappt, trotz aller Jammerei. Bei der Goldenen Hochzeit von Tante Ruth und Onkel Joachim im angemieteten Jugendklub spielt ein Alleinunterhalter am Keyboard Zugabe um Zugabe. »Lebt denn der alte Holzmichl noch?« Stundenlang springt Jung und Alt gemeinsam von den Bänken, umarmt sich und lacht. Ja, er lebt noch.

Tag der Sachsen. In den Gassen von Marienberg stehen Zehntausende, die den Festumzug begrüßen wollen. Bergmannsvereine und Spielmannszüge schreiten vorüber, Brauereipferde ziehen Hänger mit tanzenden Mädchen in Neonkostümen hinter sich her. Die Menschen johlen und springen nach Bonbons. »Nu, dis is eene Schau«, ruft es aus dem Spalier. Plötzlich erschallt es durch ein Megafon: »Das Fotografieren der bewaffneten Organe ist verboten.« Ein

Mann in grüngrauer Uniform und mit Volkspolizisten-Mütze holt Verwarnungszettel aus seiner Umhängetasche aus braunem Kunstleder, verteilt sie mit regloser Miene an die Umstehenden. Er nimmt wieder sein umgehängtes Megafon zur Hand: »Gehen Sie auseinander! Es gibt nichts zu sehen. Leisten Sie den Anweisungen des Abschnittsbevollmächtigten unverzüglich Folge!« Die Menschen jubeln, schlagen sich feixend auf die Knie. Nun eilen richtige Polizisten herbei. Auch sie wollen Autogramme.

Der »Tag der Sachsen« ist eines der größten Volksfeste im Osten. Drei Tage lang wird eine Kleinstadt komplett gesperrt, die umliegenden Felder werden als Parkplätze ausgewiesen. Im Festort, der jedes Jahr ein anderer ist, stellen die sächsischen Radiosender mobile Bühnen auf – so kommt es, dass es getrennte Unterhaltung für Jüngere und Ältere gibt. Für die Kids posiert Us5, eine Boyband, die auch in Marienberg BHs von ihren Mikrofonständern schütteln muss. Für die Älteren gibt es mehr Bühnen. Dort spielen Purple Schulz und Haddaway die Achtzigerjahre nach. Das Verbindende zwischen allen ist der Festumzug. Er zeigt die Geschichte der gemeinsamen Heimat – von mittelalterlichen Schlosshenkern über winkende Pioniergruppen bis zu Rock-'n'-Roll-Vereinen, die noch heute durch die Jugendklubs des Erzgebirges swingen. Zum Schluss der dreistündigen Prozession – der Abschnittsbevollmächtigte hat sich längst mit seinem Megafon einen Weg durch die Massen gebahnt – schließt sich noch eine kleine Militärparade an. In Marienberg war früher die NVA stationiert, heute ist es die Bundeswehr. »Guck mal, die können noch aufrecht marschieren«, ruft mir Tante Ruth zu. »Du läufst immer mit einem krummen Rücken herum.«

Gemeinsamkeiten und Unterschiede liegen im Erzgebirge nah beieinander, so nah wie das Früher und das Heute. Das Gemeinsame hieß früher »Geborgenheit«, manchmal kann man sich noch heute in sie flüchten. Dann muss man nicht darüber sprechen, wie jeder unter den Augen der anderen seinen eigenen Weg gegangen ist, warum jetzt einer dort ist und der andere hier. Stattdessen lacht man zusammen über einen verkleideten Abschnittsbevollmächtigten. Wenn man aber bei den abendlichen Hofrunden fragen würde, ob ein gespielter DDR-Hilfspolizist wirklich die richtige Volksbelustigung ist, ja, was ein Abschnittsbevollmächtigter eigentlich früher getan hat, abgesehen davon, seine Nachbarn zu beobachten und zu schikanieren, dann würde man Diskussionen provozieren, die sich die meisten auch in Wolkenstein lieber verkneifen. Denn egal, wo sie heute politisch, wirtschaftlich und privat stehen, das Früher behüten sie. Nicht dem ABV zuliebe, sondern sich selbst. Das manchmal übertriebene Selbstmitleid wollen sie sich nicht auch noch nehmen lassen.

Ein Anruf bei Andreas Holleritt, wohnhaft in Krumhermersdorf, wenige Kilometer von Wolkenstein entfernt. Ich möchte wissen, warum er beim »Tag der Sachsen« als Abschnittsbevollmächtigter durch die Straßen gelaufen ist. »Ich will einfach unter Leuten sein«, entgegnet Holleritt. Im Hauptberuf ist der 50-Jährige Empfänger von Sozialleistungen, früher hat er in den Motorradwerken des Erzgebirges gearbeitet. Seine ABV-Uniform erstand er kurz nach der Wende, als alle das Alte panikartig wegschmissen. Während die Marx-Engels-Bände meiner Eltern im Müll landeten und ich mein Pionierhalstuch zum Schuhputzlappen umfunktionierte, wurden Uniformen ausgedienter Hilfspolizisten für 15 Mark auf Flohmärkten verhökert. Holleritt griff zu, seitdem läuft er in der Kluft der alten Zeit auf Stadtfesten herum. Anfangs wurde er noch angepöbelt, inzwischen zwinkern ihm alle Generationen freundlich zu. Holleritt erklärt sich das so: »Viele sind nicht mehr so zufrieden, deshalb erinnern sie sich an früher.« Schon im vierten Jahr hintereinander hat er den »Tag der Sachsen« bestritten, fünf Jahre will er noch dranhängen. Danach möchte sich Holleritt nur noch um seine Ferienwohnung kümmern. »In der Wohnung ist alles DDR, die Schränke, das Geschirr, alles«, ruft Holleritt begeistert ins Telefon. »Wissen Sie noch, wie eine manuelle Brotschneidemaschine funktioniert?«, fragt er mich. »Kommen Sie doch mal vorbei und probieren es wieder aus!« Ich muss lachen, der ABV am anderen Ende der Leitung auch. Ich sage, dass ich es mir überlegen werde.

Der Mangel an Perspektiven wird mit Improvisation und Warmherzigkeit gelindert. Die Frauen kochen, die Männer werkeln in Garagen, man sorgt füreinander und füttert die Spechte mit Nüssen. Die Staatsgläubigkeit scheint im Erzgebirge schon vor langer Zeit verloren gegangen zu sein. Warum sollte sie ausgerechnet jetzt wiederkehren? In den Erzählungen geht es um Land, Geld und Kinder. Noch immer sind Hof und Familie die Fixpunkte des Lebens. Eine Cafébetreiberin bot eine Weile kulturelle Veranstaltungen in Wolkenstein an. Zu den Lesungen fanden sich lediglich die Autoren ein.

Jene, die anders leben, beobachtet man aus sicherer Entfernung. Wie die Prostituierte des Ortes, die angeblich schon zu DDR-Zeiten auf der Leipziger Messe ihr Geld verdiente und die jetzt auf den Parkplätzen der Umgebung die Kundschaft bedienen soll. Oder den Nachbarn, der seine Frau mit einem Beil ins Frauenhaus getrieben haben soll und nun jeden Tag im »Plusmarkt« Lauterbacher Schnaps einkauft.

Oder den Wirt, dessen junge Freundin in seiner Kneipe kellnert, während die Exfrau in der Küche schuften muss. Tag für Tag weiß sich der Kleinstadtmund neueste Begebenheiten der Andersartigkeit zu erzählen. Als ein Mann, der sich im Alkoholwahn umgebracht hatte, beerdigt wurde, schickte ihn der Pfarrer nicht wie von allen erwartet in die Hölle, sondern erinnerte die Trauergäste daran, dass ihm »niemand die Hand angeboten hat, um zu helfen«. Das hat viele im Ort einen Moment lang beeindruckt.

Verrohung muss nicht lautstark vor sich gehen. Die Zeiten, in denen junge Nazis die Touristen verschreckten und damit den eigenen Eltern die Arbeit wegnahmen, scheinen hier fürs Erste vorbei zu sein. Auch in Wolkenstein hat sich eine linke Gegenkultur entwickelt, die zum Bier lieber Ska-Musik als Gröl-Parolen konsumiert. In Wolkenstein mag niemand etwas von rechten Problemkindern wissen. Die Neonazi-Szene konzentriert sich auf das benachbarte Elbsandsteingebirge und auf eine kleine, aber aktive Gruppe in Zschopau. In den Fußballstadien der Region sind kaum noch ausländerfeindliche Rufe zu hören. Möglicherweise liegt das aber auch nur daran, dass nirgends Schwarze zu sehen sind.

Die Angst der Behörden vor dem Umkippen der Sicherheitslage ist trotz der Beruhigung der vergangenen Jahre nicht verschwunden. Bei einem Sommerferien-Testspiel des Zweitligaklubs Erzgebirge Aue gegen meinen Lieblingsverein Hertha BSC sind ein Dutzend Einsatzwagen vor Ort. Hunderte Polizisten bemühen sich darum, jeden Einzelnen der 4300 Fans aus dem Erzgebirge, die den alten Anfeuerungsruf »Wir kommen aus der Tiefe, wir kommen aus dem Schacht, Wismut Aue, die neue Fußballmacht« brüllen, penibel zu kontrollieren. Die drei Dutzend Anhänger aus Berlin, die den Ruf »Schachtscheißer raus« mitgebracht haben, werden durch eine Gitterschleuse vom Rest des Stadions getrennt. Es passiert nichts an diesem langweiligen Nachmittag im Erzgebirgsstadion, trotzdem tut jeder Ordner mit großer Geste so, als stehe ein Terroranschlag auf die Weltmeisterschaft unmittelbar bevor.

Nach Angaben der Polizeidirektion Marienberg war die letzte Auffälligkeit in der Region eine Rangelei zwischen Rechten und Linken im Jugendklub Wolkenstein, bei der etwas Inventar zu Bruch ging. Außerdem wurde ein 19-Jähriger wegen Nazi-Parolen festgenommen. Im vergangenen Sommer löste eine Brandserie alle möglichen Spekulationen aus. Elf leer stehende Jugendklubs und Bungalows gingen nachts in Flammen auf, bevor die Polizei vier junge Männer zwischen 17 und 22 Jahren festnahm. Als Motiv vermuteten viele: Langeweile.

Auf einem fernen Hügel mäht ein Traktorfahrer das Gras. Es ist das einzige Geräusch, das ich höre, als ich hinunter zum Goldbach laufe. Es geht an mit Himbeersträuchern begrenzten Feldern hinab, ein Feuersalamander huscht in einen stillgelegten Bergmannsschacht. Hier erzählte mir Tante Ruth bei unseren Ferienwanderungen immer eine Geschichte: Eine Tanne im Nadelwald wollte keine grünen Nadeln mehr haben und bat deshalb einen Zauberer um goldene. So geschah es. Alle Menschen und Tiere, die vorbeikamen, staunten über die goldenen Nadeln und nahmen sich welche als Erinnerung mit. Als der Baum vor lauter Berühmtheit nackt geworden war, bat er den Zauberer darum, doch wieder grüne Nadeln haben zu dürfen. Ende. »Immer schön normal bleiben«, mahnte Tante Ruth. Ich schaue mich um. Am Goldbach sind alle Tannen grün. Ich atme tief ein. Heimat kann ganz einfach sein.

Wolkenstein war immer nur meine Ferienheimat – ein Ort, an dem ich keine doppelte Sprache brauchte, an dem ich keine Grenzen austesten musste wie in meinem Berliner DDR-Leben zwischen Kleingarten und Staatsbürgerkunde. Noch heute gibt es zur Erholung nichts Schöneres als das Erzgebirge. Die Entleerung meines sanierten, stillen Ferienstädtchens zu sehen, tut mir dennoch weh. Die Schule von Wolkenstein ist eine von 800 geschlossenen Lehranstalten in Sachsen.

Als ich in der »Ferienwohnung zum Goldbach« meine Sachen packe, übt die Freiwillige Feuerwehr auf dem verwaisten Schulhof den Einsatz eines Tragkraftspritzenfahrzeugs, Baujahr 1973. Nachdem die Männer die Helme abgesetzt haben und davongefahren sind, klettern ein Junge und ein Mädchen über den Schulzaun und suchen im grünen Container nach verwertbarem Müll aus den Klassenräumen: Chemiebaukästen, Schulmappen, Buntstifte. Mit den Buntstiften malen sie im Kinderklub Bilder von Tieren ihrer Heimat und von Sehenswürdigkeiten ferner Städte, in die sie gerne reisen möchten.

Zum letzten Mal beobachte ich, wie die untergehende Sonne die Berge in rote Farbe taucht. Nachts schrecke ich auf. Der Wind hat die Bewegungsmelder der leeren Schule aktiviert.

8.

Nichts ist wie es war.
Der Westen im Osten

Eine kleine Oma hebt das rechte Bein, dann das linke. Ihr Rosenkleid wippt beim Tanzen hin und her. Auf der Bühne stehen ein Gitarrist und ein Sänger, sie spielen Hits aus DDR-Tagen nach. Als das Lied »Ich bin der letzte Kunde ...« erklingt, fällt die Frau, sie ist bestimmt 70, in den Text ein: »... ich komm nicht los vom Hahn«. Es ist Samstagnachmittag beim Stadtteilfest in Berlin-Pankow, und ich summe den Text in Gedanken weiter: »... vor einer Viertelstunde ...«, neben mir stehen Menschen mit Bierkrügen und Currywürsten an Tischen und blicken versonnen nach vorn, so als würden sie mitdenken: »... fuhr meine letzte Bahn«. Vor uns tanzt die kleine, alte Frau, rechtes Bein hoch, linkes Bein hoch. Ein Mann mit Ernst-Thälmann-Schirmmütze tritt vor, er ist um die 40. »Na Omi, wollen wir tanzen?« Sie nehmen sich in den Arm. Ilonka bricht in eine ihrer Lachsalven aus, dann stößt sie mich an und fragt: »Ist das nicht romantisch? Sag doch mal ehrlich!« Der Nachsatz klingt ernst. Ich drehe mich zu ihr hin: »Ja natürlich. Warum fragst Du?« Sie zuckt mit den Schultern.

Wir laufen über das »Fest an der Panke«. Kinder hüpfen auf einem Trampolin, die Jugend fährt Autoscooter. Männer schießen mit Gewehren rote Rosen aus Plastik, Frauen ersteigern kiloweise Fisch. Früher war das »Fest an der Panke« einer der Höhepunkte des Jahres. Man konnte sich nach seltenen Schokoküssen oder Melonen anstellen und im Freibad die Traber-Familie durch die Lüfte balancieren sehen. Heute gibt es auf Stadtteilfesten nichts Seltenes mehr, sondern das, was überall sonst auch zu haben ist: Luftballons verschiedener Parteien, drei Paar Socken für 99 Cent. Und Coverbands.

Am Park vor Erich Honeckers ehemaligem Gästehaus stehen zwei Sessel auf der Straße. Dort sitzt eine Frau, sie hat ein Schild aufgestellt: »Hört Ihnen keiner zu? Ich höre Ihnen zu! Kostenlos.« Gerade redet ein Mann mit dicker Brille auf sie ein. Ilonka bleibt stehen. »Es wäre schön, wenn wir beide jetzt da sitzen würden.« Schon wieder meine ich Ernst in ihrer Stimme auszumachen. Ich schaue sie an, meine Fast-Liebe von gestern, meine Lieblingskumpeline von heute. Der spöttische Glanz, mit dem sie mich sonst mustert, ist aus ihren blauen Augen verschwunden, sie blickt mich ganz normal an, so unheimlich normal. »Sag mal, ist irgendwas?«, frage ich. »Nein, nein«, ihr Blick geht zur Seite, »ich wollte es Dir schon früher sagen, nun …«, sie stockt – also ist doch was, denke ich –, »ich und Ingo, es ist, wir sind, wir« – ja, was??? –, »wir heiraten.« Sie schaut mich wieder an, ich schaue zurück, so normal wie möglich – wie das wohl aussieht? –, und dann nehme ich sie in den Arm und sage: »Ich freu mich, Ilonka, wirklich.« Und eigentlich freue ich mich auch. Was soll ich sonst tun?

Unser Jungsein ist zu Ende. Das ist mein nächster Gedanke. Ilonka heiratet. So läuft das Leben eben, so unheimlich normal. Wir sind um die 30 – es ist an der Zeit, Häuser zu bauen und Kinder zu bekommen. Ricardo, der es sich am Ossi-Stammtisch in Frankfurt am Main gemütlich gemacht hat, der fleißige Dachdecker Richard in Wolkenstein, auch Marcus, der Halb-Argentinier – sie alle setzen sich fest, fassen endgültig Fuß. Heiraten, warum nicht?

Der Anschluss ist geschafft, nun stehe ich mit beiden Beinen in der neuen Welt. Als ich auf dem Nullmeridian in England den ersten Fuß auf die Westhälfte der Erde setzte, war ich 15, ein neugieriges Kind der DDR. Mit der Wende bin ich erwachsen geworden, habe die Seiten gewechselt. Natürlich können meine Freunde und ich in Gedanken jederzeit einen Schritt zurückgehen, ich habe noch jede Textzeile auswendig drauf vom »letzten Kunden« und den anderen Hits ostdeutscher Geselligkeit. Darf es »Sing' mei Sachse sing« sein? Oder lieber der schmissige Russentanz »Kalin-ka-kalin-ka-kalin-ka-moja«? Alles auf der Festplatte. Die ironische Rückschau auf die DDR bleibt in meinem Kopf gespeichert, als Nostalgie-Spiel. Und im Herzen wird die Heimat, die schöne, ohne Vaterland aufbewahrt.

Ich laufe mit Ilonka durch Pankow und denke daran, was wir hinter uns gelassen haben: die kuscheligen Nischen einer durchorganisierten Kindheit, das neugierige Austesten der Grenzen, dann der rasende Rausch der Freiheit, die Ernüchterung der Einheit. Im Anschluss begann der Kampf auf eigene Rechnung. Dieser Weg hat die Jüngeren entfernt von Eltern, Tanten und Onkels, die der neuen Seite nicht trauen wollen. Noch immer nehmen sie auf ihrem persönlichen Meridian lieber das erste Bein zurück, anstatt das zweite auf die neue Seite zu setzen.

Ich schaue zum Himmel. Ein Flugzeug fliegt über uns hinweg, unterwegs nach Tegel. Wie oft habe ich mit meinen Eltern den Fliegern nachgesehen und dabei von einem Leben im glitzernden Fernsehwesten geträumt. Das Flugzeug hinterlässt eine schmale flockige Spur, die Sonne scheint. An so einem schönen Tag werden meine Eltern sicher im Garten in Rosenthal sein, denke ich, dort wo früher die Mauer stand, die man nicht fotografieren und über die man nicht reden durfte; dort, wo heute viele Fragen nicht ange-sprochen werden. Wie können die Generationen wieder nä-her zueinander kommen? Wie sieht eine gemeinsame Zu-kunft aus?

Auf dem roten Teppich boxt Sven Ottke in die Luft, Schau-spieler Winfried Glatzeder nimmt die Sonnenbrille vom blas-sen Gesicht. Beide haben den Höhepunkt ihrer Karriere hin-ter sich, doch sie spielen ihre Rollen ungerührt weiter. Für einen Abend sind sie wieder der freche Svenni, der auch ein-stecken kann, und der frühere Paul aus der Legende mit Paula. Im Foyer des Berliner Friedrichstadtpalastes rangeln Reporter und Fotografen um die besten Plätze. Draußen kreischen Teenager mit gezückten Fotohandys in der Däm-merung – sie hoffen auf Tokio Hotel, deren Absage sich noch nicht herumgesprochen hat. Es geht hier um die »Goldene Henne«, einen Preis für das Zusammenwachsen von Ost und West. Es geht darum, was aus der DDR und ihren Menschen geworden ist fast zwei Jahrzehnte danach. Dieser Abend soll von Zukunft handeln. Gleich kommt Angela Merkel.

Das Programmheft weist mit goldenen Buchstaben die Veranstalter des Abends aus: Mitteldeutscher Rundfunk, »Super-Illu« und Friedrichstadtpalast. Es sind die Oligar-chen der Nostalgieindustrie. Wie ein Sinnbild erscheint nun Herbert Köfer vor den Kameras, meine Probeaufnahmen-Bekanntschaft. Er trägt diesmal sein Hemd nicht offen wie bei unserem letzten Treffen auf der Pferderennbahn, son-dern glänzt mit der Eleganz des Alters. Köfer (»Ich bin jetzt seit 35 Jahren 50.«) hat sich einen weißen Seidenschal auf seinen schwarzen Anzug gelegt, der seinen gebräunten Fal-tenteint betont. Ein Frank Sinatra in Spreeathen. So spielt der Osten große Welt.

Die »Goldene Henne« ist eine Auszeichnung aus klobigem Gold in Form eines Huhns. Sie erinnert an die inzwischen verstorbene Helga Hahnemann, genannt »Henne«, die volkstümlich wie keine zweite die Hitparaden in Ost und auch in West erstürmte. Natürlich sind mir ihre Textzeilen nicht entfallen: »Wo is meen Jeld bloß jeblieben? Wo? Wo? Wo? Ratarammtammtamm.« Jetzt laufen alle über den zu Helgas Ehre ausgerollten roten Teppich, die in Ostdeutschland noch einen Namen haben. Junge Menschen stehen nicht auf der Einladungsliste, die große Welt des Ostens ist in Wahrheit eine kleine. Die vor einer Werbewand postierte Presse macht sich ein Spiel daraus, wen sie erkennt und wen nicht. Die Kollegen aus dem Osten sind eindeutig im Vorteil. »Du kennst Gojko Mitic nicht, unseren Winnetou?«, lautet eine empörte Frage. »Lippi! Ein Autogramm bitte für meine Oma!«, blödelt ein anderer. Nur wenige Quotenwessis ziehen vorbei, aber die erkennt auch jeder Ostdeutsche: Heino, Dolly Buster und die Frau, die früher beim »Glücksrad« die Buchstaben umgedreht hat.

Es ist das Schaulaufen einer untergegangen Welt, die sich selbst reanimiert. Das Vorbeistöckeln von Schauspielerinnen, die nur noch in Wiederholungsfilmen eine Hauptrolle spielen, erscheint mir viel ungeheuerlicher als der Triumphzug eines Abschnittsbevollmächtigten beim »Tag der Sachsen« – denn sein Auftritt war nur gespielt. Mir kommt es wie ein schauriger Traum vor, jene Stars zu sehen, denen ich als Kind beim »Kessel Buntes«-Gucken an den Lippen hing, natürlich in einer Original-Übertragung aus dem Friedrichstadtpalast. Nun, wie der alte Holzmichl leben sie alle noch und gastieren im gleichen ehrenwerten Haus, in dem ich einst Kinderrevuen mit Wasserballett bestaunte. Sie spielen ihre Rolle, als hätte es keine Unterbrechung gegeben, und werden mit einer Live-Übertragung der Regionalsender MDR und RBB belohnt. Mehr Osten geht nicht.

Haben die früheren Feste im Friedrichstadtpalast wirklich anders ausgesehen?, frage ich mich, während der Einzug auf dem roten Teppich nicht enden will. Ist es gänzlich abwegig, sich auszumalen, dass statt der »Super-Illu« die frühere Frauenzeitschrift »Für Dich« diese Prominenz zur Gala an diesen Ort geladen hätte – selbstverständlich in Kooperation mit der auch in Unterhaltungsfragen führenden Partei der Arbeiterklasse? Wäre es tatsächlich unvorstellbar, dass jetzt gleich Erich Honecker mit moderner Brille und in hellem Anzug (Ulbricht trug ja immer dunkle) in die jubelnde Menge vor dem Palast winken würde, an der Presse vorbeiliefe und – ganz spontan, versteht sich – eine Frage beantwortete?

»Nur eine Frage zum Preis«, befiehlt Angela Merkel, als sie eintrifft. Sie hat sich einen roten Schmuckstein um den Hals gelegt. »Es macht mich stolz, einen Preis stellvertretend für die Menschen in den neuen Bundesländern zu bekommen, die viel auf sich genommen haben. Sie haben eine Menge in Deutschland eingebracht.« Das ist die Antwort der Bundeskanzlerin der Bundesrepublik Deutschland. Ich will noch eine Frage zur Arbeitslosigkeit im Osten anschließen: Was fühlt sie, wenn sie in ihre Heimatstadt Templin kommt und sieht, dass die jungen Menschen weg sind und die alten von Hartz IV leben? Doch Merkel wendet sich ab. Hier sind nur offizielle Fragen gestattet.

Die offizielle Bilanz der Bundesregierung zur deutschen Einheit fällt traurig aus. Noch einmal 20 Jahre werden nach den Worten von Regierungs-Quotenossi Wolfgang Tiefensee bis zu einem selbst tragenden Wirtschaftsaufschwung in Ostdeutschland vergehen. Bislang wurden mehr als 250 Milliarden Euro direkte Aufbauhilfe investiert, weitere 156 Milliarden sind bis 2019 zugesagt. Die neuen Bundesländer bleiben also noch lange neu, und obendrein sehen sie ziemlich alt aus. Der Publizist Uwe Müller hat errechnet, dass das Durchschnittsalter im Osten seit der Wende um fünf Jahre gestiegen ist, im Westen nur um zwei. Angesichts stetiger Abwanderung – der Osten hat 1,4 Millionen Menschen seit der Wende verloren – ist kein Ende der Vergreisung absehbar. Nicht wenige der Zurückbleibenden fliehen da in die Jammerei aus DDR-Tagen.

Alte Nischen werden restauriert, schuld sind allein »die da oben«. Das Schlimme daran ist: Es sind zum Teil die gleichen Leute frustriert, die mit dem Ruf »Wir bleiben hier!« erst Reformen und dann die Reisefreiheit erzwangen, die mit Hämmern auf die Mauer einschlugen, um sie brockenweise nach Hause zu schleppen. Natürlich gab es auch Proteste in der neuen Zeit, doch gegen die Hartz-Gesetze demonstrierten die ostdeutschen Verlierer für sich allein, ohne Erfolg, ohne nennenswerte Unterstützung aus dem Westen. Haben diese zu kurz Gekommenen nicht recht, wenn sie ein gesamtdeutsches Desinteresse an ihren sozialen Problemen beklagen und ihr Seelenheil in ostdeutschem Trotz suchen? Die Jungen, die es geschafft haben, sind dieser Frage zu lange ausgewichen.

Ich öffne die quietschende Gartentür an der Brombeerhecke, meine Mutter stellt gerade ihren duftenden Kirschkuchen auf den Plastiktisch. Während wir uns in der Schattenecke niederlassen, erzählt mein Vater, ein Onkel habe wieder Ärger wegen seines Rentenbescheids, immer mehr Verwaltungen würden an den Menschen sparen, eine Schande sei das. Meine Mutter fügt an, dass sie nach langem Bangen nun doch eine Kur genehmigt bekommen hat. So unheimlich normal ist das Leben. Die Eltern werden älter, Arztbesuche häufen sich. Vielleicht sind sie bald Vorruheständler, vielleicht bald Großeltern. Es ist Zeit, wieder zusammenzurücken, sich noch mehr voneinander zu erzählen. Ich könnte jetzt gleich damit anfangen, denke ich, und ohne zu stocken sage ich: »Ilonka heiratet.« Meine Eltern schauen auf, die Augen meiner Mutter hinter ihren Brillengläsern bekommen einen milchigen, mitleidigen Ausdruck. Sie weiß, was Ilonka für mich bedeutet. So wie ich weiß, was Interflug für sie bedeutet.

Bis hierher hat sich jeder seinen Weg gebahnt, die anderen zunehmend aus der Ferne beobachtend. Ein echtes Spiel des Lebens. Das Verständnis füreinander ist dabei manchmal auf der Strecke geblieben. Nun erkennt man, wo man steht, an welchen Stellen man rücksichtsvoll miteinander umgehen sollte. Daraus kann Respekt erwachsen, eine Gemeinsamkeit. Ich rühre mit dem Aluminiumlöffel made in GDR in der Kaffeetasse und schaue zu den Hochhäusern des Märkischen Viertels. Früher war dort drüben West-Berlin, unerreichbar und doch ganz nah. Dass da noch eine Mauer steht? Unvorstellbar.

Auch viele Eltern wollen in Wahrheit die alte Zeit nicht zurück, selbst wenn sie manchmal davon reden und jede kritische Bemerkung über den Sozialismus persönlich nehmen. Der junge Dachdecker Richard bleibt in seiner Heimat Wolkenstein, vor allem aber bleibt er optimistisch. Und ich denke an Marcus in Argentinien, den es so weit fortgezogen hat wie keinen anderen aus meinem Freundeskreis und der doch kein schlechtes Gewissen seinen Eltern gegenüber haben muss. Ein respektvolles Nebeneinander der Generationen entwickelt sich. Ob daraus ein Miteinander wird? Das hängt wohl davon ab, ob sich die Eltern mit der Zukunft anfreunden – und ob die Kinder mehr soziale Verantwortung übernehmen. Nichts ist wie es war. Und kann es nicht mehr sein.

Die Gala im Friedrichstadtpalast hat sich bereits eine Stunde lang hingezogen, als erstmals Emotionen durch die gepolsterten Sitzreihen gehen. Ulrich Mühe erhält die »Goldene Kino-Henne« für seine begeisternde Darstellung eines zwischen Treue und Verrat zerrissenen Stasi-Spitzels im Film »Das Leben der Anderen«. Der Saal erhebt sich zu Standing Ovations. »Ich widme diesen Preis meiner Mutter. Sie feiert heute ihren 84. Geburtstag«, sagt Mühe, noch einmal brandet Applaus auf. »Meine Mutter hat zwei Diktaturen überlebt«, fährt Mühe fort, »und es hat seinen guten Grund, dass die zersetzende zweite Diktatur zusammengebrochen ist.« Der Beifall stirbt ab. Grummeln im Friedrichstadtpalast.

Ostdeutschland fühlt sich gern vom Westen unverstanden, dabei versteht es sich oft selbst nicht. Es wird Zeit, dieses Unverständnis zu diskutieren und Unterschiede anzuerkennen. Damit man mit ihnen offen umgehen kann. Damit sich der Osten endlich selbst versteht und als halber Teil eines ganzen Landes verschwinden kann.

Unverständnis. Die Vergangenheit: In der Bewertung der Menschen untereinander spielt eine wichtige Rolle, was sie früher getan haben, was für einen Preis sie für ein erfolgreiches Leben in der DDR gezahlt haben. Mit welcher Anpassungsleistung hat man sich selbst verleugnet, mit welcher seine Nachbarn? Diese Fragen lauern in jedem, aber sie werden nicht besprochen, nicht im Friedrichstadtpalast, nicht bei den Familienfesten an den Gartentischen. Dabei weiß ich noch genau, hinter welchen Eltern im Klassenbuch das Kürzel SED stand. Dabei wird Ricardo niemals vergessen, welche Schülerin aus unserer Klasse aufgestanden ist und ihn vor seiner Ausreise in den Westen als kapitalistischen Verräter anklagte. Jeder ist sich bewusst, dass innere Verletzungen geblieben sind. Aber jeder hofft, dass sie von außen niemand sieht.

Unverständnis. Das Damals im Heute: Überlagert wird die Bewertung der Vergangenheit von der Frage, wie Menschen heute mit ihrem damaligen Leben umgehen – ob sie sich noch zum Alten bekennen, ob sie es verdammen. Die meisten entscheiden sich für einen dritten Weg: selektives Erinnern. Alfons Zitterbacke ohne die Stellen, wo sich der Kinderbuchheld in die Nationale Volksarmee träumt. Diktatur? Totalitäres System? Das kommt in dieser Rückschau nicht vor. Es gibt sogar Menschen, die alles vergessen haben wollen, für die es gar kein Gestern gibt. Die Schwimm-Olympiasiegerin Franziska van Almsick, die es als erste Ostdeutsche zum gesamtdeutschen Star brachte, hat sich nach Angaben ihrer Managerin »schon immer als Gesamtdeutsche gefühlt«. So versucht das Neue, für immer vom Alten loszukommen. Dabei ist es ohne das Alte gar nicht zu verstehen.

Unverständnis. Der Aufstieg: In der Bewertung der Ostdeutschen untereinander ist dies zweifellos die wichtigste Kategorie. Hier wird bemessen, wer es im Kapitalismus zu etwas gebracht hat und wer nicht. Angela Merkel hat sich bis an die Spitze der Bundesrepublik hochgearbeitet. Im Osten wird sie dennoch nicht bewundert wie etwa Regine Hildebrand. Viele Ältere entdecken an Merkel Züge einer kalten Verräterin – nur am Aufstieg, nicht am Osten interessiert. Dennoch wünschen sie ihr insgeheim Glück gegen das westdeutsche Establishment. Vielleicht denken sie ähnlich von ihren Kindern.

Die Kanzlerin ist eine idealtypische ostdeutsche Aufstei-

gerin, die im Jetzt angekommen ist und dafür das Früher zur
Seite gelegt hat. Dabei kam ihr sicher zugute, dass sie zu
DDR-Zeiten als FDJ-Kulturreferentin und Sekretärin für
Agitation und Propaganda nicht sonderlich aufgefallen ist.
Ihre FDJ-Aufgaben nennt Angela Merkel rückblickend Kul-
turarbeit. Was ihren Aufstieg angeht, ist Merkel vielen jüngeren Ostdeutschen ähnlicher als den meisten ihrer Altersgenossen. Auch die entwachsenen Kinder der DDR, die noch
Pionierorganisation und FDJ durchlaufen sowie zur Jugendweihe einen Eid auf den Sozialismus geschworen haben, ließen das Alte scheinbar mühelos hinter sich und kramen es
nur dann hervor, wenn es ihnen nützlich erscheint. In der
Öffentlichkeit oder an ihrem Arbeitsplatz orientieren sie sich
an den Erfordernissen des Marktes. Im Freundeskreis dagegen geben sie sich sozial kompetent, geprägt von den Zeiten kollektiver Kameradschaft und einer Familie, die nach
anstrengenden Tagen gemeinsam das Abendbrot zu sich
nahm und sich in versteckten Andeutungen über den Staat
erging.

Angela Merkel ist als Physikerin der Macht beschrieben
worden, sie ist die erste Frau im Kanzleramt, und, ach ja,
eine Ostdeutsche. Sie hat nie verleugnet, woher sie kommt,
aber sie hat es auch nie hervorgehoben oder sich zu bren-
nenden Ost-Themen wie den Stasi-Akten geäußert. Anders
wäre sie wohl nicht Kanzlerin geworden. Ihre Karriere im
politischen System ist trotzdem typisch Ost: Schritt für
Schritt, auf der Suche nach Lücken und Zwischentönen,
ohne ein »Basta, hier bin ich« auf den Lippen. Westdeutschen moderiert sie zu viel, nicht nur ihr Amtsvorgänger
Gerhard Schröder bemängelt Merkels Führungsschwäche.
Dabei ist Abwarten auch immer ihre Stärke gewesen. Bei
einer Rede zum Tag der deutschen Einheit hat sie die Ge-

schichte erzählt, wie sie in der Wendezeit von einem Freund ein Buch geschenkt bekommen hat. Dessen Widmung auf der ersten Seite habe sie sehr berührt: »Gehe ins Offene.«

Die Bundeskanzlerin der Bundesrepublik Deutschland zeigt ihr Privatleben nicht, es geht ja auch niemanden etwas an. Deshalb aber wirkt die ostdeutsche Seite von Angela Merkel unterbelichtet, was viele Ostdeutsche fragen lässt: Warum tut sie nichts für ihre geschundene Heimat, jetzt da sie oben angekommen ist? Sie kommt als ostdeutsch karrieristisch daher, aber nicht als ostdeutsch sozial.

Als Angela Merkel auf die Bühne gerufen wird, erheben sich die Gäste im Friedrichstadtpalast. Es ist keine helle Begeisterung in den Gesichtern zu erkennen, eher Respekt und Höflichkeit. Musik wird eingespielt: »Jetzt kommt die Süße« von Helga Hahnemann. Zwei Millionen Zuschauer sind bei MDR und RBB live dabei, jeder von ihnen kann den Text mitsummen. Als Merkel ihre klobige »Goldene Henne« mit beiden Händen nach oben stemmt, scheint sie zu spüren, dass sie etwas zurückgeben sollte. Und sie sagt, quasi als Dank, einige interessante Sätze über ihren Aufstieg ins westdeutsche Parteiensystem: »Da schwang immer etwas mit. Deutsche waren wir schon; aber ob die immer alles mitgekriegt haben? Dazu sage ich: Alles mitgekriegt haben wir nicht, aber was anderes mitgekriegt haben wir. Und das kann nicht schaden.« Den Stolz, anders gewesen zu sein, weiß auch Angela Merkel für sich zu nutzen, jedenfalls in diesem kleinen ostdeutschen Moment. Applaus im Friedrichstadtpalast.

Nach der Gala drängen sich im Foyer die Winnetous und Pauls der Defa am Buffet. Von den Politikern hält es hier nur einer länger aus, einer aus Merkels Anfangszeit. Lothar de Maizière steht vor einer Bühne und lauscht mit seiner Frau den Klängen eines Swing-Orchesters. Der letzte Ministerpräsident der DDR war einer der wichtigsten Vertrauten Merkels. Er hat ihre ersten Schritte als Pressesprecherin beim »Demokratischen Aufbruch« verfolgt, sie in die »Allianz für Deutschland« und dann in die CDU geholt; gemeinsam arbeiteten sie in der letzten DDR-Regierung und wurden Minister unter Helmut Kohl. Heute ist der Cousin von Lothar de Maizière, Thomas, Chef von Merkels Bundeskanzleramt. Vielleicht kann der Wegbegleiter einige Fragen beantworten, warum Merkel sich vom Osten emanzipieren musste, um ihren Aufstieg zu meistern, warum sie nur noch in kleinen Momenten zeigt, woher sie kommt. »Ein Bundeskanzler, der sich als Bayer versteht, gewinnt auch keine Wahlen«, antwortet Lothar de Maizière schlau, seine Stimme lispelt dabei so leise und hoch wie damals bei den Verhandlungen zum Einigungsvertrag. Dass die Ostdeutschen, die zurückgeblieben sind, sich oft zweiter Klasse fühlen, sieht de Maizière nicht. »Das sehen nur die Journalisten so.« Er sagt, schon vor Jahrhunderten habe es Unterschiede zwischen Sachsen und Mecklenburgern gegeben, die einen seien eben reicher als die anderen, das sei zwischen Bayern und Ostfriesen nicht anders. »Aber Helmut Kohl und Sie haben doch versprochen, dass es keinem schlechter gehen soll«, erinnere ich de Maizière. »Sie sind mir zu negativ«, antwortet er und geht weg.

Bürger erster und zweiter Klasse – das war einmal ein Schlagwort des Ostens gegen den Westen. Inzwischen gibt es auch im Osten zwei Klassen: Die Entfremdung verläuft zwischen Gewinnern und Verlierern der Wende. Nicht immer, aber oft ist das auch die Trennung zwischen Jung und Alt. Das was Merkel getan hat – ins Offene gehen, um es zu entdecken;

ein neues System erobern, um es zu prägen – trauen sich viele in ihrer Altersgruppe nicht zu. Oder sie sind gescheitert: Seit der Wende wurden in Ostdeutschland fast eine Million Kleinunternehmen gegründet. Die Hälfte davon musste wieder dichtmachen. Sie haben den Anschluss versucht – und verpasst.

Jene, die es vergeblich probiert haben, und jene, die den Mut nicht aufbringen, fühlen sich gemeinsam herabgesetzt durch höhere Arbeitslosigkeit, geringere Entlohnung, sanierte Trostlosigkeit. Sie stören sich an Debatten um Michael Ballack, der angeblich keine Fußballmannschaft führen kann, weil er als Ostdeutscher im Kollektiv aufgewachsen ist. Die Jüngeren, Willigeren dagegen gehen in ihrer Mehrzahl dorthin, wo das neue individuelle Leben spielt. Sie versuchen, auf den Zug aufzuspringen und sich ohne fremde Hilfe in die erste Klasse vorzuarbeiten. Wenn sie das geschafft haben, sind sie weit weg von ihrer Heimat – wie Ballack in England. Weit weg von ihrer Herkunft.

Wer die Menschen in der zweiten Klasse nicht vergessen will, muss sich so weit wie möglich von der Gala der »Goldenen Henne« entfernen. Dabei hilft es, auf Landstriche zu schauen, die es im Osten am Schlimmsten erwischt hat – wie das Mansfelder Land. Das einstige Energiezentrum der DDR wurde von Bevölkerungswissenschaftlern des Berlin-Instituts zur sozialen Problemzone Deutschlands erklärt: zu viele Wegzügler, zu viele Alte, kaum noch Frauen. In der Bergbauregion östlich des Harzes lebten vor der Wende 121 000 Menschen. Im Jahre 2050 werden noch 50 000 übrig sein. Jens Bullerjahn hat das errechnen lassen, ein kleiner gedrungener Mann mit Vollbart, der aus der Gegend kommt. Er hat sich vorgenommen, SPD-Ministerpräsident von Sachsen-Anhalt zu werden.

Der Sohn eines Bergmanns und einer Kindererzieherin, der in der DDR als Elektroingenieur arbeitete, wirbt mit einem Programm, wie es der Osten noch nicht gesehen hat: schonungslose Offenheit. »Sachsen-Anhalt 2020 – Einsichten und Perspektiven« lautet Bullerjahns Papier. Darin gibt er seinen Mitmenschen schmerzhafte Einsichten mit auf den Weg: Es wird keine blühenden Landschaften geben, Fördergelder sollten auf wenige Schwerpunkte konzentriert werden, anstatt sie in jedes Dorf zu stecken, die überalterte Bevölkerung muss mit einem weiteren Abbau von Infrastruktur und Arbeitsplätzen rechnen. Im Übrigen könne das Land Sachsen-Anhalt abgeschafft werden und mit Sachsen und Thüringen fusionieren – es habe sowieso keine eigene Identität.

Im Hotel am Markt, einem der letzten glanzvollen Häuser der Stadt Eisleben, sind die Stuhlreihen dicht besetzt. Jens Bullerjahn begrüßt viele mit Handschlag und Umarmung, er wohnt nur acht Kilometer von hier entfernt. Er stellt sich vor seine Nachbarn und berichtet in schnell gesprochenen Sätzen von dem, »was realistisch ist«. Auf dem Arbeitsmarkt werde nicht mehr viel passieren, abgesehen von Leipzig und Dresden, vielleicht noch in Magdeburg. Der Aufbau Ost sei schiefgelaufen. »Wir haben Abwassernetze gebaut, Gewerbegebiete ausgewiesen und Wohnblöcke saniert, alles in bester Absicht.« Bullerjahn holt Luft, der Raum schweigt ihn an. »Jetzt sehen wir, dass sich die Hoffnungen nicht erfüllt haben. Damit müssen wir leben.« Der Kandidat referiert 20 Minuten. Er spricht davon, dass Universitäten gegründet werden müssen, um Studenten herzulocken, dass verlassene Schulen als Außenstellen wiedereröffnen sollen mit klassenübergreifendem Unterricht für die letzten Kinder. Alle hören angespannt zu, manche nicken, andere husten. Applaus gibt es nicht. Von Bildung kann sich hier keiner etwas kaufen.

Hier soll die Zukunft des Ostens liegen? Das Mansfelder Land besteht aus halb abgerissenen Industriebauten und zugewachsenen Bahngleisen. Rund um Eisleben liegen verrostete Baggerschaufeln in der Landschaft herum, auf dem Bahnhofsvorplatz treten Jugendliche auf einen Mülleimer ein. Wahlplakate sind zu sehen: »Wehrt Euch! DVU«, »Taschen leer, Schnauze voll. Die Republikaner.« Martin Luther wurde hier geboren. Sein Geburtshaus ist eine Ruine.

Nach Bullerjahns Rede gehen alle ins Restaurant. An den Tischen sitzen Dutzende Rentner und Vorruheständler, sie haben ihre Blümchenröcke und Samtpullover aus den Schränken geholt. Sie sind heute zum Wahlkampf ausgegangen, es gibt Freibier von der SPD. Doch in den Gesprächen liegt ein gedämpfter Ton. Sie reden von den Kindern und Enkeln, die nicht mehr da sind. Einer versucht gerade, das Haus seines Sohnes zu verkaufen, das der beim Rübermachen hinterlassen hat. »Wollen Sie es sich mal angucken?«, fragt er mich, ich schüttle den Kopf. Der Mann schaut mich enttäuscht und verständnisvoll zugleich an; ein Ja hat er nicht erwartet. Mit seiner Bergbaurente unterstützt er den Sohn, damit der sein neues Haus im Westen abbezahlen kann.

Jens Bullerjahn tritt an den Tisch, ein Bierglas in der Hand. Die Erlebnisberichte seiner Nachbarn verstummen. Sie klopfen dem 44 Jahre alten Jungen auf die Schulter wegen seiner Ehrlichkeit, aber sie fragen auch: Was soll mit diesem Programm aus uns werden? Bullerjahn widersteht auch jetzt der Versuchung, etwas zu versprechen. »Es wird der Politik nicht gelingen, noch einmal die Infrastruktur von früher zu schaffen«, sagt er und setzt sich. Mobilität sei wichtig, auch für die Älteren. Eine Dame mit lila gefärbten Haaren, die an Margot Honecker erinnern, fragt: »Was mache ich, wenn ich gebrechlich werde und es nicht mehr zum nächsten Arzt schaffe? Der liegt vier Orte entfernt.« Bullerjahn nimmt einen Schluck Bier, stellt das Glas ab. »Ich weiß«, sagt er leise, »ich weiß.«

Zwei Wochen nach seinem Auftritt bei den Nachbarn erhält Jens Bullerjahn 21,4 Prozent der Wählerstimmen in Sachsen-Anhalt. Die Menschen haben ihm zugehört, nun ist er trotz magerer Stimmengewinne der Vize-Regierungschef in einer Koalition mit der CDU. In Berlin hat ihm die SPD einen wichtigen Parteiposten angeboten. Dort ahnen sie wohl, dass die Probleme des Mansfelder Landes sich bald auf viele Landstriche in ganz Deutschland ausdehnen könnten. Denn in Sachen Firmenpleiten holen die alten Bundesländer auf. Fast täglich ist die Liquidierung von Arbeitsplätzen in den Fernsehnachrichten zu besichtigen: Stellenstreichungen bei Telekom und Siemens, Krise bei Airbus, Heuschrecken-Alarm im Mittelstand. Da wird es immer wichtiger, die Grenzen des Marktes zu definieren und kleine Lösungen zu suchen für vergreisende Ortschaften mit vielen sozialen Verlierern. In vier Jahren wird Jens Bullerjahn einen neuen Angriff auf die Spitze des Bundeslandes versuchen, das er abschaffen will. Bis dahin möchte er bei der Wahrheit bleiben, auch wenn sie nur schwach honoriert wird. Jens Bullerjahn hat zwei Söhne mit guten Schulnoten. Er weiß noch nicht, ob sie nach dem Abitur in der Heimat bleiben.

Die jungen Leute am Ossi-Stammtisch in Frankfurt am Main könnten die Kinder und Enkel der Menschen im Mansfelder Land sein; jene Mädchen und Jungen, die ausgezogen sind, um ihr Glück in der Ferne zu suchen. Eine aus Sachsen-Anhalt saß bei meinem letzten Besuch dabei, Katja. Die Chemielaborantin wuchs in einem Dorf bei Halle auf. Ihre Firma wurde von einem hessischen Konzern übernommen, der die Ostförderung abschöpfte, dann die Filiale schloss und die besten Mitarbeiter mit ins Stammwerk nahm. Als sie ging vor sieben Jahren, hat sie zum ersten Mal Tränen im Gesicht ihres Vaters gesehen. Wenn ihre Eltern sie heute besuchen, streift sie mit ihnen eine Stunde durch Frankfurt am Main, um das günstigste Restaurant auszukundschaften, anstatt zu ihrem teuren Lieblings-Spanier zu gehen. Einmal ist die Familie an den Panoramafenstern des Coffee-Shops vorbeigelaufen, in dem sie sich immer ihren Morgenkaffee holt. »Drei Euro für einen Kaffee?«, rief ihr Vater. »Und dafür wirst du von der Straße begafft wie im Aquarium?« Erste und zweite Klasse – manchmal sind sie in einer Familie zu Hause.

Wenn Katja ihre Eltern in Sachsen-Anhalt besucht, deprimieren sie nicht die kaputten Fensterscheiben an den alten Kombinaten, nicht die traurigen Stimmen im Zug, sondern die vielen alten Menschen auf den Straßen. Dann bekommt sie ein schlechtes Gewissen und fühlt sich hin und her gerissen zwischen ihrer Heimat und einem Job, bei dem sie Verantwortung tragen darf. In manchen Momenten möchte sie wieder zurück, wenigstens nach Halle. In den gleichen Momenten denkt sie: nie mehr in diese enge graue Welt.

Wie können wir die Kinder halten?, fragen sich die Eltern an den Kaffeetischen. Verrate ich mit meinem Erfolg die Eltern?, fragen sich die Kinder an den Stammtischen. Bei den gemeinsamen Treffen und bei den Galas, die angeblich vom Zusammenwachsen handeln, werden diese Themen ausgespart. Stattdessen müssen Erinnerungen an eine ach so bunte DDR-Vergangenheit herhalten. Zwischen Eltern und Kindern gibt es keine Gleichheit mehr, aber darauf will niemand gestoßen werden. Hartz IV trifft auf eine kokette Form der Geldverschwendung, ein ausgedünnter öffentlicher Busverkehr auf Taxifahrten zum Biergarten. Wer fragt danach, welche Leute es sind, die wegen der Praxisgebühr nicht mehr zum Arzt gehen? Es könnten die eigenen Eltern sein. Wie befreiend wäre es, wenn man wenigstens darüber reden könnte.

Die Freiheit, welche man aus eigener Kraft erobert hat, als Glück zu sehen, das aber längst nicht vollkommen ist – darum könnte es bei den gemeinsamen Gesprächen gehen. Aber der Stolz, den Umbruch erzwungen zu haben, kommt im bisherigen Selbstverständnis vieler Ostdeutscher zu kurz. Wichtiger bleibt für viele die Erfahrung, wie sie in den Jahren danach von Firmen, Vermietern und Krankenkassen behandelt worden sind. Und die Erkenntnis, dass sie von ihren Kindern in aller Stille verlassen werden, wenn die keinen Ausbildungsplatz bekommen. Zurück bleibt im besten Falle ein Stolz auf die Erfolge der Jüngeren – so schlecht kann die Erziehung dann nicht gewesen sein.

Dabei gibt es doch eine starke Verbindung der Jungen zu den Eltern, die trotz aller Entfernungen geblieben ist. Ja, die jüngeren Ostdeutschen stehen mit beiden Beinen im Westen. Ja, sie genießen ihre Möglichkeiten. Ja, sie gehorchen den Erfordernissen des Marktes. Aber sie misstrauen diesen Erfordernissen auch. Die Eltern anzugreifen, gehört zu ihrer Freiheit nicht dazu. Sozialer Zusammenhalt ist für sie kein Fremdwort, zumindest nicht in der Familie. Weil sie das Gefühl, zweiter Klasse zu sein, nur zu gut aus der Nähe kennen.

Gerade weil es diese Gemeinsamkeit gibt, ist es bedauerlich, dass die Unterschiede so oft zugedeckt werden. Die Rückschau der Nostalgieindustrie, die abgelaufene Ware neu aufpoliert und als Markenprodukt anbietet, stellt keine Fragen nach verschiedenen Lebensläufen und Weltsichten. Und wenn sie doch einmal angesprochen werden, erstirbt der Applaus im Friedrichstadtpalast. Aber ist das nicht genau der falsche Weg?

Kinder und Eltern leben in zwei Welten, doch es gibt auch gemeinsam geteilte Träume. »Um Ihr Wohlbefinden bemüht – Interflug« steht auf meiner Badetasche, mit der ich durch alle Welt reise. Und zu Hause auf dem Schreibtisch wartet immer eine Klappkarte, auf der das Panorama von London zu sehen ist. Meine Eltern haben mir die Karte einmal zu Weihnachten geschenkt, damals war ich zehn oder elf Jahre alt. Im Innenteil stehen fremde Neujahrsgrüße auf Englisch, vorn ist die Metropole zu sehen – der Tower mit Fahne, die Zugbrücke, rote Doppelstockbusse. Es gab viele Geschenke für mich in jenem Jahr. Doch das schönste von allen war die Grußkarte, die eine mir unbekannte Frau an einen mir unbekannten Mann geschrieben hatte und die meine Mutter auf verschlungenen Wegen vom Verwandten eines Bekannten einer Arbeitskollegin aus dem Haus des Reisens besorgte. Die Karte erfüllte eine Sehnsucht, die selbst die wunderschönen Familienurlaube in Bulgarien oder im weltstädtischen Budapest nicht erfüllen konnten. Ich habe die Karte bis heute aufbewahrt.

Nun ist die DDR als Ort verschwunden. Das Gefühl für sie bleibt – ebenso die gewonnene Freiheit. Die Sehnsucht nach der Heimat muss kein Heimweh mehr sein, sie genügt als ironisches Fernweh. Es gibt längst neue Träume, die man gemeinsam teilen kann, von einer größeren Familie, von einem sozialen Leben in der Konsumgesellschaft, von mehr Vertrauen zueinander. Heute, da jedermann nach London fliegen kann, ist die DDR nur noch eine Klappkarte. Vorn ist der Friedrichstadtpalast zu sehen. Und drinnen steht eine fremde Unterschrift.

Die Erinnerung der Ostdeutschen ist ein Schatz. Aber die DDR als Markenartikel ist überholt. Natürlich sollen Ricardos und Flavias zukünftige Kinder vom Sandmännchen ins Bett gebracht werden und sich wie wir früher mit Aschenbrödel in eine tschechische Märchenwelt träumen. Aber nicht nostalgisch, sondern weil es schöne Geschichten sind. Ilonka mag sich ein Kindergarten-System wie zu DDR-Zeiten wünschen, ich würde mich freuen, wenn die Schule in Wolkenstein wieder aufmacht – doch Wehrunterricht und Staatsbürgerkunde mit guter und böser Tafelhälfte wollen wir unseren Kindern natürlich nicht zumuten. Für sie lohnt es sich, ehrlich zu sein.

Der Pfarrer steht in der Kirche in Mecklenburg und breitet die Hände aus. Vor ihm auf zwei Stühlen hockt das Brautpaar, in den Bänken die Freunde und Verwandten. »Es war einmal ein junges Paar. Es wohnte, sagen wir, im Süden Westdeutschlands«, beginnt der Pfarrer, »gemeinsam besichtigten die beiden einen Dom und stellten fest, dass dieser Dom wie die Liebe ist – mit zwei Türmen, unabhängig voneinander, aber vereint, und keiner überragt den anderen.« Ja, diese Geschichte gefällt mir. Sie könnte auch für Ost und West gelten, denke ich, und für Ost und Ost. Der kleine sprachliche Rückfall des Pfarrers, nur ein nostalgischer Scherz: im Süden Westdeutschlands – er hätte ebenso gut Bayern sagen können oder einfach Süddeutschland. Ilonka und Ingo halten sich an den Händen. Sie wollen von nun an im Norden

Ostdeutschlands wohnen, deshalb sind wir hier alle zusammen, vor mir Ricardo, der Wossi-Wohlfühler, mit seiner Freundin Flavia im Arm, dort drüben Ilonkas Vater, der SED-Bonze, der sicher froh ist, dass er mich doch nicht als Schwiegersohn mögen muss. Nun singen wir gemeinsam Lieder von der Liebe. Kurz dreht sich Ilonka zu mir um und schaut vertraut spöttisch zu mir herüber, wie so oft und doch anders. In ihren blauen Augen hinter dem Brautschleier meine ich eine Spur sanfter Zuneigung zu erkennen, die Spur einer gern geteilten Erinnerung an aufregende Zeiten. Du kannst sie jetzt loslassen, sage ich mir, als sie aufsteht, einen netten Kerl namens Ingo an der Hand, und »Ja« sagt.

Am Ende hat Ilonka und mir ein Gefühl gefehlt, nicht eine gemeinsame Haltung zu irgendwas. Mich erleichtert dieser Gedanke, denn nur mit ihm können wir Freunde bleiben ohne einen wehmütigen Blick zurück. Ich habe etwas verloren, ich habe etwas gewonnen. Das muss ich meinen Eltern erzählen, gleich morgen.

Danke

Diana Stübs für die Idee

Martin Mittelmeier für die Worte

Georg Reuchlein für das Vertrauen

Lorenz Maroldt, Stephan-Andreas Casdorff
und Markus Hesselmann für die Zeit

Allen Freunden und Verwandten,
allen Bekannten
und Fremden für die Geschichten

Irina, Jana, Sabine, Christian, Ingo,
Mathias und Esther

© 2007 Luchterhand Literaturverlag, München
in der Verlagsgruppe Random House GmbH
Satz: Greiner & Reichel, Köln
Druck und Einband: GGP Media GmbH, Pößneck
Printed in Germany
ISBN 978-630-87236-0

www.luchterhand-literaturverlag.de